語言教學叢書

讓國中會考點亮國語文素養教學

——文言記敘短文的教學策略

李錞倫　著

鄭序

　　十六年前的某個深夜，我循例翻閱同學的文本分析練習。忽然一份厚約五十頁的作業驚嚇了我。我納悶著世說新語的三則小故事如何能寫出這麼多的分析？仔細閱讀後，不禁佩服這位同學的認真與踏實，也直覺她將是一位願意靜下心，爬梳資料，探索真理的研究型人才。這就是我與鍰倫結緣的開始，也因為我的鼓勵，她開始走上一條研究探索的學習之路。

　　這條路的艱辛曲折，只有鍰倫才能點滴在心，因為邊教書邊寫論文對教育職場的新手，本來就不輕鬆；而論文從碩士班的「司馬遷《史記》及其譯本研究」，到博士班的「高中國語文小說教學實施策略與成效探究」，更說明著每個階段的研究都是跨界跨域的全新挑戰。然而鍰倫終於用她一貫的冷靜沉著，獨自一步一腳印的為自己留下辛苦耕耘，實現心願的印痕。

　　幸運進入師大，擔任國文系教職後，鍰倫再度面臨新的挑戰。教學實習是一門直球對決社會現實的課程，學生既焦慮教師之路日益緊縮，也擔心教師應具備的專業知識、教學技巧仍嫌生疏，而教育政策的接軌國際、迎接 AI、跨域整合也讓學生疲於轉化。他們的焦慮自動折射為對課程的高度期待，希望老師是千手觀音，能法力無邊的將每位學生順利度往國、高中的職涯樂土。

　　面對學生的高度期待，鍰倫學習沈澱心情，靜默耕耘。經過

多年的努力，他將部份的教學講義，整理成《讓國中會考點亮國語文素養教學──文言記敘短文的教學策略》一書。以系統化思維的自主學習為核心，將理解文言記敘文本的閱讀策略，轉化為各種具體可行的操作步驟，方便師大有志擔任教職的學生、教育現場的教師，加以複製應用。這些具體可行的操作步驟，如能藉由大腦迴路的激活，必能讓國中孩子像呼吸般熟悉文言文，那麼他們不僅不會恐懼她，反而願意把她當成大樹，隨時隨地的靠近她，接受她的滋養，並豐富自己的生活。

　　閱讀策略的使用原是一種默識於心，致廣大而盡精微的心理歷程，但是鍰倫卻能化抽象為具體，展現既能示人以巧，也能示人以規矩的獨特匠心，這對國語文教育言真是非常難得的研究成果。鍰倫告訴我《讓國中會考點亮國語文素養教學──文言記敘短文的教學策略》一書即將由萬卷樓印行出版。回顧她研究、教書生涯的勤懇與專注，此書當如蜜蜂釀蜜般，留下許多苦盡甘來的智慧與洞見。謹在此書即將出版的前夕，以本文表達我的祝福與鼓勵。

鄭圓鈴

江雲教育基金會董事長

國立臺灣師範大學國文學系教授（已退休）

寫於2024年4月17日

賴序

國文素養說讀寫，教學核心達融通

　　李鍑倫老師現任國立臺灣師範大學文學院國文學系助理教授，天生麗質，秀外慧中，勤敏篤學，尊師重道，自國文學系畢業後，以榜首深造於筆者擔任籌備主任與創所所長的「國際漢學研究所」（自100學年度起改隸「國際與社會科學學院‧東亞學系‧漢學與文化組」），在國文系同仁鄭圓鈴教授與筆者共同指導之下，以「司馬遷《史記》及其譯本研究」獲得碩士學位；「學，然後知不足；教，然後知困」，復深造於本校教育學院教育學系「課程與教學研究所」，在甄曉蘭、鄭圓鈴兩位教授指導之下，筆者也獲聘擔任口試委員，博士論文「高中國語文小說教學實施策略與成效探究」獲得全體口試委員極高的評價與期許，以優良成績榮獲教育博士學位，深造學成，與有榮焉。

　　一年之後，筆者適被選任為國文學系代理主任半年與系主任三年，因本系長期缺乏專任的國文教材教法與教學實習老師，經由本系學術組討論決議增聘一位專任國文教學的專業師資，復經本校吳正己校長同意，正式展開公開徵聘作業，在筆者與諸位師長的鼓勵之下，毅然應徵而獲青睞，最終以優異教學與研究表現全票通過，獲聘為本系專任助理教授。筆者與鍑倫女棣因時會

遇，從碩士班、博士班師生情誼，再提升為同仁關係，真是難得的學術善緣。

而今欣聞鍑倫女棣大作《讓國中會考點亮國語文素養教學——文言記敘短文的教學策略》經過嚴謹的審查作業程序，並經過修訂增補，即將付梓出版，真是一大快意樂事，請序於筆者，因此以「國文素養說讀寫，教學核心達融通」為題，正式推薦給廣大的中學國語文教學現場老師、關心子女國語文素養能力培養的父母，以及在大學培養中小學國語文師資的教授先生們。

《讓國中會考點亮國語文素養教學——文言記敘短文的教學策略》以國中會考文言記敘文試題為引導，配合十二年國教108課綱，具體而微說解、分析與詮釋此類題型的特質，理論與教學並進，非常有利於教師於教學現場運用，以及學生自主學習提升解題分析之能力，可說是一本十分實用而具方法的優良教學專書，足以彰顯學術與教學知能的實用價值。本書以《十二年國民基本教育課程綱要總綱》（教育部，2014）為揭示核心，分別素養為「自主行動」、「溝通互動」、「社會參與」三大面向，每個面向下又可再細分出三個子素養，先將十二年國教核心素養「三面九項」內涵表列，驗證說明「身心素質與自我精進」、「系統思考與解決問題」，以及「規劃執行與創新應變」在國語文教學上的意義與價值，從而歸納出老師若能以具體的操作步驟，引導學生習得系統化的閱讀策略，將能幫助學生培養獨立解決問題的能力，最終達到自主行動的目標。

其次，根據國語文課綱有關國中階段國語文學習內容，以及閱讀能力指標，並參照國立臺灣師範大學心理與教育測驗研究發

展中心公布的國文科會考評量重點，嘗試說明國中生國語文閱讀能力應以字詞、句、段落、篇章，以及多元文本為學習範圍，並以理解字詞、句子、段落、篇章的相關知識，例如： 詞句義、主要概念、寫作目的、結果原因、概念例子、觀點、內容細節、文本形式、寫作特色等，作為學生學習閱讀理解，表現閱讀能力的依據。

　　眾所週知，記敘文六要素包括：「時間」、「地點」、「人物」、「事情的起因」、「事情的經過」與「事情的結果」。「時間」是指事情發生的日期與時間；「地點」是指事情發生的地點；「人物」是指與事情相關的人物；「事情的起因」是指事情的起因、相關背景；「事情的經過」是指事情發展的經過；「事情的結果」是指事情的結果、結局。本書能切中肯綮，創造性轉化「記敘文六要素」，並應用於實際教學與試題解答之說解，可謂簡明易從，且見解獨到，深具引導豁顯的啟迪作用。由於本書旨在探討國中生有關文言記敘文本的閱讀策略，所以於勾勒出國語文閱讀理解的學習重點後，即以歷屆會考內容為基礎，分析閱讀文言記敘文本需具備的閱讀能力，並根據這些能力，規劃各種閱讀操作步驟，讓學生藉由反覆練習，自然在大腦形成迴路，並自動內化為閱讀策略，用以提升文言記敘文本的閱讀能力。因此，從形式內容與論述驗證上，本書可謂極佳的典範。

　　本書以國中會考國文科試題為研究範圍，透過100-112年文言記敘短文試題評量重點的分析，研發閱讀教學策略，並提出系統性的教學步驟，將策略落實為具體可行的操作方式。再選擇現行國中國語文教材──〈賣油翁〉、〈張釋之執法〉、〈空城計〉三篇

課文，結合上述的教學策略與操作步驟，設計完整的課程活動與評量試題，以系統化教學策略落實課綱核心素養、根據文言記敘短文試題規劃教學策略，以及建構詮釋、推論、統整、分析策略的操作步驟與策略導向的文言記敘短文課程設計，具體而微地提供教師參考。因此，對於教學實踐的影響，透過從評量導入教學的課程設計、注重實作創新的教學策略、閱讀與寫作兼具的自主式評量等，本書都能充分提供文言記敘短文試題評量重點、閱讀策略與課程設計的研究成果，希望未來可以再進一步針對議論看法、說明事實、抒寫經驗等不同文類，進行深入研究，幫助教師釐清不同文類的評量重點，從而更有效地引導學生掌握相應的閱讀策略和方法，提升學生在不同文本上的閱讀理解表現，最終幫助學生達到自主學習、自我監控的教育目標，這又是鍰倫女棣未來戮力精進的教學與學術理想目標，且拭目以待。

總體而論，本書綱舉目張，始終條理，結構謹嚴，例證明晰，說解中肯，凡分六章，符契《周易》天地人「六位而成章」的三才之道：第一章〈十二年國教108課綱與會考〉，第二章〈100-112年會考文言記敘短文的試題特色〉，第三章〈文言記敘短文閱讀策略──詮釋、推論〉，第四章〈文言記敘短文閱讀策略──統整、分析〉，第五章〈文言記敘短文閱讀策略的課程設計──以〈賣油翁〉、〈張釋之執法〉、〈空城計〉為例〉，第六章〈結論〉。要之，本書整體論述流暢，研究方法縝密謹嚴，推論契合邏輯理序與驗證效能，雖然屬於教學應用性質，但就整體質量水準而論，「證之以實，運之於虛」，「體用一源，顯微無間」，在中學國文教學領域仍然達到極佳的水準與極高的效能。

　　此外，本書「目次」（表目次），將全書章、節、目依序編排整序，以利檢索閱讀；「參考文獻」廣為羅列整理運用中文文獻與英文文獻，提供更為宏觀的視野與微觀的鑒照，益之以學術創見與教學貢獻，顯著提升學術上的貢獻與教學上的價值，值得大力推薦，並期「藏器於身，待時而動」、「剛健篤實，輝光日新」，共晉學程、更上層樓，是為序。

賴貴三

國立臺灣師範大學國文學系教授

2024年7月3日星期三清晨

謹序於屯仁學《易》咫進齋

甄序

　　自新課綱推動實施後，面對「素養導向教學與評量」所帶來的國語文教學實務挑戰，教師不但要有「破」的教學革新力道，也需要有「立」的教學學術基礎[1]。然對許多國語文教師而言，要擺脫傳統「師者，所以傳道、授業、解惑也」的角色框架，超越過往習以為常的「知識傳遞」的「課文講解」教學方式，轉向以「知識建構」、培養學生「自主行動、溝通互動及社會參與能力」為訴求的素養導向教學與評量，實在不是一件容易的「除舊佈新」教學轉化與實踐。必得要有更多實際的範例與演示，來激發教師改變「已習慣」的教學信念、突破「既有」的實務限制與心理障礙，也需要提供更多具體的教學策略，協助教師更新教學方式，既能立基於國語文的「學科本質」與「教育目標」，又能更多關照學生的學習歷程、方法與策略，營造出不同於過往的國語文課堂教學文化與學習風貌。

　　本書作者國立臺灣師範大學國文系李鍑倫助理教授，具有扎實的國文學科訓練背景、豐富的中學國語文教學經驗，再加上深入的國語文課程與教學博士論文研究，對素養導向國語文教學實

1　參見須文蔚（2021）：遇見四門嶄新的文學課——高中國文素養與跨領域教學的破與立。載於甄曉蘭主編：高級中等學校素養導向教學理念與實踐——語文暨社會科學領域（頁3-8）。台北：五南。

務議題有相當程度的認識與掌握，也深刻了解「考試」對素養導向教學理念的實踐可能產生的影響。因此，特別為文出書，從眾所關注的國中會考切入，來解析會考評量內容與新課綱國中階段國語文領綱所揭示的學習內容與學習表現間的關聯性，主要聚焦於「自主行動」核心素養在國中國語文教學與閱讀能力培養上的意義，透過歷年國語文科文言記敘短文試題評量重點與閱讀能力的分析整理，進而研發閱讀教學策略，提出系統性教學步驟與可行的操作方式，並以現行國中國語文教材為例，就所研發的閱讀教學策略實際設計了課程活動與評量試題，供教師參考，誠屬難得。

　　從課程與教學實務推展的角度來看，欣見在諸多有關素養導向課程改革與教學革新的論述與專書中，能有如此特別的一本小書出版。本書作者逆向地從會考評量內容分析，來陳顯國語文素養導向教學的意義，並設計了文言記敘短文教學策略與課堂活動，來提升學生的閱讀學習表現。雖是本小書，其中所分享的閱讀教學策略與評量試題，著實有教學實務應用上的參考價值。或有對本書內容抱持不同見解者，但總能激盪出更多元的理念辯證與設計思維，不斷地促進國語文課程與教學的創新與發展。期待有更多新的設計思維與教學實踐！

甄曉蘭謹誌

國立臺灣師範大學教育學系教授

2024年6月25日

自序

　　在師大國文系任教以來，每年我都會在課堂上帶著學生一起討論當年度的國中會考試題。在與學生對話，並回饋他們疑問的過程中，我發現分辨試題重點、找出試題所評量的國語文能力，常常讓學生感到困惑。而儘管能辨識出明確的試題評量重點，又該如何將之與國語文教學實踐結合，進而提升學生的學習成效？凡此種種，都讓我苦思良久，或許正是這份嘗試理清頭緒的心意，開啟了本書撰寫的起點。

　　這本書的目的在藉由梳理100-112年國中會考文言記敘短文試題評量重點，歸納出詮釋、推論、統整、分析等國語文閱讀的四大核心能力，並據以研發閱讀教學策略，提出一系列簡單清楚的操作步驟，以及如何將這些操作步驟付諸實踐，讓教育現場的老師可以將之應用在國語文課程與教學實踐中，引導學生將閱讀策略內化為自己的心智習慣，幫助學生成為更獨立自信的學習者。

　　我希望這本書提供的各項閱讀策略操作步驟盡可能簡單易行、直接友善，也試著在書中提供簡要的操作步驟圖示，以及試題教學轉化的研發成果，讓老師們能靈活參考運用。為了讓學生在實作中精熟不同能力的閱讀策略操作步驟，我也提供了自我評量試題（含會考及自編試題），方便學生透過反覆練習，監控自己是否能有效運用策略，獨立解決問題。

　　至於想要進一步瞭解如何將閱讀策略融入課程設計的老師，也可以參考書中〈賣油翁〉、〈張釋之執法〉、〈空城計〉的課程實

施細節,並鼓勵學生完成選擇型試題和寫作任務的自我評量,幫助他們發展多元面向的自主學習能力。

完成這本書於我而言,是全新的挑戰。在過程中,也曾遇到許多複雜且不易解決的問題,所幸得到許多師長、朋友的支持和指引,才能專注思考,逐步將難題一一解開。雖然本書尚未完美,但每當我回首動筆寫作之初的徬徨不安,仍讓我驚喜於這段歷程的不可思議。

在此,我衷心感謝讓本書得以順利誕生的人們。

首先,感謝最早帶領我體會研究探索之趣的鄭圓鈴老師,感謝圓鈴老師的指引、鼓勵與友誼,老師告訴我「有願就有力」,謝謝老師與我分享珍貴的智慧和經驗,促成這本書完成。同時,感謝游適宏老師在成書過程中,提供許多回饋、靈感與鼓勵,讓這本書更加完善。

感謝審查老師付出許多時間,對改善這本書提出許多美妙的想法。感謝鄭圓鈴老師、賴貴三老師、甄曉蘭老師,三位師長在忙碌的研究工作之餘,費心幫忙撰寫書籍序文。

感謝師大國文系每一位師長、好友兼同事的鼓勵和支持。感謝黃筠軒小姐設計封面,為本書增添色彩。感謝張晏瑞總編輯、呂玉姍編輯的悉心協助,您們的編輯專業深厚,讓我受惠良多,感謝讓我第一次出書的經驗如此美好享受。

謹以此序,向這些可愛可敬的人們獻上最誠摯的謝意。

感謝讓我經歷這美好的期盼、微光與愛。

李鍑倫

寫於2024年6月

目次

表目次

第一章
十二年國教108課綱與會考

　　十二年國教108課綱與會考評量內容密切相關，前者揭示了學生的學習目標，後者則為評量學生是否有效達成學習目標的工具。

　　108課綱強調培養學生的核心素養，本章先探討課綱中三大核心素養內涵，並聚焦在自主行動及其在國語文教學的意義與價值上；接著，梳理國中教育階段閱讀學習表現，以及閱讀學習內容之內涵，並以文字篇章和記敘文本為討論對象；最後，綜覽國中教育會考之評量內容，並探討其與課綱間的關聯性。

第一節　十二年國教課綱的「自主行動」素養

　　《十二年國民基本教育課程綱要總綱》（教育部，2014）指出十二年國教的基本理念為「自發」、「互動」、「共好」，強調以學習者為中心，培養學生成為具備「自主行動」、「溝通互動」、「社會參與」等核心素養的終身學習者，以發展與自我、他人、社會、自然環境間良性互動的關係。

壹　三大核心素養

　　「素養」為個體能夠有效處理生活中各種問題與挑戰，並促

進身心健全發展，所需具備的知識、能力及態度（蔡清田，2011，2018；Weinert, 2001）。核心素養則代表最基本、最重要且不可或缺的關鍵素養，其具有以下三種特質：（一）跨領域、跨學科，不以單一學科知識或技能為限；（二）強調學習與生活的連結，讓學生能在真實生活中有效運用自己的知識、技能、個人特質來解決問題；（三）促進個體、社會的永續發展，關注學生在思想及行動上的發展與變化，最終達到自我實現，同時促進社會發展，提升群體生活福祉。

《十二年國民基本教育課程綱要總綱》（教育部，2014）揭示核心素養可分為「自主行動」、「溝通互動」、「社會參與」三大面向，每個面向下又可再細分出三個子素養。

根據表1-1-1，可歸納三大核心素養的內容如下：

一、自主行動：強調個人在學習中的主導地位，學習者能選擇適合自己的學習方式，並主動思考和解決問題。且在真實生活、社會情境中，學習者也能有效管理自己，並採取適切行動，提升身心素質，促進個人成長。

二、溝通互動：強調學習者能廣泛善用各種工具，例如：物質工具和社會文化工具，建構人與環境間積極互動的關係，有效與他人及環境溝通互動。

三、社會參與：強調學習者能以適當的方式處理社會及文化的多元性，培養與他人或社群互動的能力，建立並發展良性人際關係，最終有效提升整體生活品質。

表 1-1-1　十二年國教核心素養「三面九項」內涵

三面 （核心素養）	九項（子素養）	內涵
自主行動	身心素質與自我精進	具備身心健全發展的素質，並能分析和運用新知，不斷自我精進
自主行動	系統思考與解決問題	能理解問題、思辨分析、推理批判及後設思考，並能有效解決生活問題
自主行動	規劃執行與創新應變	能規劃及執行計畫，並發揮創新精神，因應環境挑戰
溝通互動	符號運用與溝通表達	能理解及使用各種符號表達、溝通與互動，並同理他人
溝通互動	科技資訊與媒體素養	能善用科技、資訊與各類媒體，並具備對資訊分析、思辨、批判之識讀能力
溝通互動	藝術涵養與美感素養	能感知、創作與鑑賞藝術，並能賞析、建構與分享美善的人事物
社會參與	道德實踐與公民意識	能落實道德實踐，具有社會責任感，並關注參與公共議題與社會活動，關懷自然生態及永續發展
社會參與	人際關係與團隊合作	能與他人溝通協調、團隊合作，建立良好關係
社會參與	多元文化與國際理解	能理解與認同自我文化、尊重欣賞多元文化，關心並認識國際議題和情勢

貳　自主行動的意義與價值

　　Schunk 和 Zimmerman（1994）指出主動學習需要有自發性的動機和行動，透過設定目標、使用有效策略，以及自我監控和調整，達到學習目標。Steffens（2015）也鼓勵學生採取自主學習的行動，認為自我調整學習與培養關鍵能力及提升學習成效息息相關。十二年國教同樣也強調培養學生自發主動學習的能力，讓學生在變動不居的世界中，能獨立思辨探索、有智慧地解決生活中各種問題與挑戰。

　　由於「自主行動」這項核心素養，包含了「身心素質與自我精進」、「系統思考與解決問題」及「規劃執行與創新應變」三項子素養。以下分別說明其內涵，並揭示其在國語文教學上的意義與價值：

一　身心素質與自我精進

　　關注個體在思想及行動上的發展與變化，最終使個體具有良好的身心知能。

　　在國語文教學上，可詮釋為：讓學生發揮潛能，提升綜合性的語文能力，並在學習過程中，啟發他們積極實現生命意義與人文價值。

二　系統思考與解決問題

　　關注個體獨立思考、理性分析思辨及問題解決的能力。

　　在國語文教學上，可詮釋為：培養學生成為獨立思考的學習

者，能理解問題、進行步驟性的思考分析、形成問題解決策略、採取行動解決問題，並透過自我監控與反省持續精進。

三　規劃執行與創新應變

在知識和經驗的累積下，能適當規劃與組織策略，並因應情境加以調適變化，達成目標。

在國語文教學上，可詮釋為：學生能規劃並實踐適切學習策略，學習陌生的多元文本。除此之外，面對文本與生活，或是古今情境的落差，學生也能透過經驗的連結及反省，深化對文本的體會與應用。

所以如能將「自主行動」的核心素養落實在國語文教學中，應可引導學生學會：

一、規劃自己的學習。

二、透過運用策略，解決問題。

三、監控修正自己的學習，成為終身學習者。

未來學生即使走出教室，仍可適應環境中複雜的挑戰與變化；並在生活中，持續推動自己的學習與發展。

綜覽上述三點，最重要的是第二點「透過運用策略，解決問題」。所以本書後面各章將聚焦於如何建立文言記敘文本，關於詮釋、推論、統整、分析等四項閱讀能力的學習策略；並藉由具體教學步驟的規劃，讓學生學習以步驟化的學習模式，優化閱讀歷程，建立系統化的思考，有效提升閱讀理解的能力。

第二節　十二年國教國語文課綱的閱讀學習

　　《十二年國民基本教育課程綱要——國民中小學暨普通型高級中等學校：語文領域—國語文》〔簡稱國語文課綱〕（教育部，2018）揭示了各教育階段的國語文學習重點。學習重點由「學習表現」與「學習內容」組成：學習表現即學生在各學習階段應具備的國語文能力；學習內容則為學生主要的學習對象與內涵。

　　首先，在國語文學習表現上，主要是透過聆聽、口語表達、標音符號與運用、識字與寫字、閱讀、寫作等六種類別，來概括學生的語文能力。其次，在學習內容上，則分為「文字篇章」、「文本表述」、「文化內涵」三大主題。本節將以第四學習階段（國中）閱讀學習表現和學習內容（字詞、句段、篇章、記敘文本）為核心，深入梳理相關內容。

壹　第四學習階段閱讀學習表現

　　根據《十二年國民基本教育課程綱要——國民中小學暨普通型高級中等學校：語文領域—國語文》（教育部，2018：11），十二年國教國語文課綱第四階段（國中）閱讀學習表現的內容如下：

　　　5-IV-1 比較不同標點符號的表達效果，流暢朗讀各類文本，並表現情感的起伏變化。

　　　5-IV-2 理解各類文本的句子、段落與主要概念，指出寫作的目的與觀點。

5-IV-3 理解各類文本內容、形式和寫作特色。

5-IV-4 應用閱讀策略增進學習效能，整合跨領域知識轉化為解決問題的能力。

5-IV-5 大量閱讀多元文本，理解議題內涵及其與個人生活、社會結構的關聯性。

5-IV-6 運用圖書館（室）、科技工具，蒐集資訊、組織材料，擴充閱讀視野。

試透過「能力」、「態度」、「工具」三個面向，重新整理國語文課綱第四階段閱讀學習表現的重點：

表 1-2-1　十二年國教國語文課綱第四階段（國中）閱讀學習表現分類重點

能力	態度	工具
A 標點符號　比較標點符號的表達效果　朗讀文本，表現情感起伏 B 句子／段落　理解句子、段落、主要概念　指出寫作目的與觀點 C 各類文本　理解內容、形式和寫作特色 D 閱讀策略應用　自行閱讀多元文本	A 跨領域 B 連結議題內涵與個人生活、社會結構	A 圖書館 B 科技工具

　　由表1-2-1可知，在國中階段學生應能運用課堂所學的閱讀策略，培養比較標點符號表達效果、句子、段落、篇章的閱讀理解能力，最終達成學習遷移──閱讀課外多元文本時，能自主應用「閱讀策略」來解決問題。

貳　第四學習階段學習內容

　　根據《十二年國民基本教育課程綱要──國民中小學暨普通型高級中等學校：語文領域─國語文》（教育部，2018：14-15），十二年國教國語文課綱第四階段（國中）學習內容「文字篇章」之內容如下（見表1-2-2）：

表 1-2-2　十二年國教國語文課綱第四階段（國中）學習內容「文字篇章」分類重點

字詞	句段	篇章
Ab-IV-1 4,000個常用字的字形、字音和字義	Ac-IV-1 標點符號在文本中的不同效果	Ad-IV-1 篇章的主旨、結構、寓意與分析
Ab-IV-2 3,500個常用字的使用	Ac-IV-2 敘事、有無、判斷、表態等句型	Ad-IV-2 新詩、現代散文、現代小說、劇本
Ab-IV-3 基本的造字原則：象形、指事、會意、形聲	Ac-IV-3 文句表達的邏輯與意義	Ad-IV-3 韻文：如古體詩、樂府詩、近體詩、詞、曲等
Ab-IV-4 6,500個常用語詞的認念		Ad-IV-4 非韻文：如古文、古典小說、語錄體、寓言等
Ab-IV-5 5,000個常用語詞的使用		
Ab-IV-6 常用文言文的詞義及語詞結構		
Ab-IV-7 常用文言文的字詞、虛字、古今義變		
Ab-IV-8 各體書法與名家碑帖的認識與欣賞		

　　由表1-2-2可知，國中階段「文字篇章」的學習內容有字詞、句段、篇章三項，各項內容重點如下：

一　字詞

（一）字詞知識：常用字、常用詞知識（字詞形、音、義）、常用文言文的字詞知識（字、詞、虛字義、詞語結構）、造字原則知識、書體碑帖知識。

（二）字詞使用：常用字、常用詞使用，書體碑帖欣賞。

（三）字詞範圍：3,500-4,000常用字及5,000-6,500常用語詞。

二　句段

（一）句段知識：標點符號知識、四大句型知識、句子邏輯（可能指句法結構）與意義。

（二）句段使用：標點符號效果。

三　篇章

（一）篇章知識：篇章主旨、結構、寓意的知識。

（二）篇章使用：分析篇章主旨、結構、寓意。

（三）篇章範圍：現代文學作品（含新詩、現代散文、現代小說、劇本）。古典文學作品：古韻文（含古體詩、樂府詩、近體詩、詞、曲）、古文（含語錄體）、古典小說（含寓言）。

　　依據國語文課綱學習內容的說明，可知其內容主要符合91-102年基測的試題內容，只聚焦字、詞、句的學習內容，段落學習內容全無著墨。但檢視103-112年會考的試題內容（國立臺灣師範大學心理與教育測驗研究發展中心，無日期 b），則發現以段落為題材的試題大量增加，以句子為內容的試題則大量減少。所以國語文課綱學習內容的說明不夠全面。

　　而在十二年國教國語文課綱第四階段（國中）學習內容「文本表述」上，本書則聚焦於「記敘文本」進行探討。關於記敘文本的學習內容，根據《十二年國民基本教育課程綱要——國民中小學暨普通型高級中等學校：語文領域—國語文》（教育部，2018：16），「記敘文本」的定義為「針對以人、事、時、地、物為敘寫對象的文本」，而第四階段（國中）針對記敘文本的學習內容為：

　　一、順敘、倒敘、插敘與補敘法。

　　二、各種描寫的作用及呈現的效果。

　　由此可見，國語文課綱先定義此類文本的敘寫對象，並在學習內容上強調學習此類文本的敘寫方式，描寫技巧的運用及產生的寫作效果。

第三節　國中教育會考的國文科評量

　　高中入學測驗（又稱國中教育會考，簡稱會考）是檢核國中階段學生學習成果的重要評量工具，旨在考察學生對於語言、文學、閱讀等方面的學習成果。它的評量方式，主要透過選擇題型，評量學生有關語文應用與閱讀理解的能力。本節主要介紹國中會考國文科評量內容及其與課綱間的關係。

壹　國中教育會考國文科評量內容

　　根據國中教育會考網站資料（國立臺灣師範大學心理與教育測驗研究發展中心，無日期 a），國中教育會考國文科的考試內容包含：
　一、**常用字的形音義**：認識國字至少4,500字，使用3,500字。
　二、**詞語的理解與使用**：理解、應用詞語，理解常用文言文的詞義。
　三、**基本的語文常識**：理解基本的語法，使用標點符號，認識基本的造字原則，認識各種書體，欣賞名家碑帖等。
　四、**文本的統整與應用**：提取、統整文本訊息，並轉化為解決問題的能力。
　五、**句段篇章的理解與賞析**：理解各類文本的句子、段落與主要概念，指出寫作的目的與觀點，理解各類文本內容、形式和寫作特色。

　　試將上述內容，簡化為國中教育會考國文科評量重點，並說明如下（見表1-3-1）：

表 1-3-1 國中教育會考國文科考試內容說明表

考試內容	內容說明
1.常用字的形音義	認識4,500字 使用3,500字
2.詞語的理解與使用	理解、應用詞語 文言文詞義
3.基本的語文常識	理解語法 使用標點 認識基本造字原則 認識各種書體 欣賞名家碑帖
4.文本的統整與應用	提取、統整文本訊息 轉化為解決問題的能力
5.句段篇章的理解與賞析	1.**句子理解** 　理解各類文本的句子 2.**段落理解** 　理解段落與主要概念 　指出寫作的目的與觀點 3.**篇章理解** 　理解各類文本內容、形式和寫作特色

根據表1-3-1，如以112年會考試題內容觀察，可以下表略做比較：

表 1-3-2　國中教育會考國文科考試內容與 112 年會考試題內容
對照表

考試內容	內容說明	112年會考試題內容	題號
1.常用字的形音義	認識4,500字 使用3,500字	字形 讀音	11 5
2.詞語的理解與使用	理解、應用詞語 文言文詞義	詞語應用 文白詞義	4.14 12
3.基本的語文常識	理解語法 使用標點 認識基本造字原則 認識各種書體 欣賞名家碑帖	病句 標點 造字原則 題辭*	2 3 6 9
4.文本的統整與應用	提取、統整文本訊息 轉化為解決問題的能力	閱讀題組	25-42
5.句段篇章的理解與賞析	1.句子理解 　理解各類文本的句子 2.段落理解 　理解段落與主要概念 　指出寫作的目的與觀點 3.篇章理解 　理解各類文本內容、 　形式和寫作特色	1.句子理解 　句義 2.段落理解 　主要概念 　寫作目的 　觀點 　結果原因* 　概念例子* 　內容細節* 3.篇章理解 　內容、形式和寫 　作特色	20 1.13 0 17.19.21 10.16.18 7.8 22.23.24 15

　　根據表1-3-2可知，會考實際的考題增加了標示*（灰底標示）的內容。它們分別是「基本語文知識」的題辭。「句段篇章的理解與賞析」的結果原因、概念例子、內容細節，而上述三項內容的題數都比會考考試內容定義的重點更多。上節我們曾提及課綱的學習內容在段落理解的部分完全空白，所以我們可以依112年會考試題的考試內容，將段落知識學習內容的部分增補為「主要概念、寫作目的、觀點、結果原因、概念例子、內容細節」，這樣學習內容會更加完整。

貳　國中教育會考國文科評量內容與課綱

一　「自主行動」核心素養的體現

　　試以111-112年國中教育會考國文科試題為範圍（108課綱實施後的會考試題），發現試題題幹的材料或閱讀題組的文本，其來源皆出自課外文本或段落。

　　而會考考試內容所提及的「提取、統整文本訊息，並轉化為解決問題的能力」，即符合國語文課綱中，對學生自主應用「閱讀策略」解決問題的期待，並同時體現了「自主行動」的核心素養，亦即學生面對陌生的多元文本時，能運用適切策略來解決問題。

二　十二年國教國語文課綱學習重點與內容的呼應

　　在國語文學習表現上，十二年國教國語文課綱主張培養學生句子理解、段落理解、應用閱讀策略解決問題等能力，這些面向

正能對應會考國文科試題在句子、段落、篇章、文本統整的評量
重點；在國語文學習內容上，則涵蓋了字詞、句段、篇章有關知
識、使用、範圍的說明，此亦能對應會考國文科試題在句子、段
落、篇章、文本統整的評量重點，以及常用字的形音義和基本語
文常識的評量重點。試以下表統整會考國文科評量重點與國語文
課綱學習內容、學習表現的關係：

表 1-3-3　國中教育會考國文科評量重點與國語文課綱第四階段
　　　　　（國中）學習內容、學習表現對應表

會考國文評量重點	課綱學習內容	課綱學習表現
1.常用字的形音義 　3,500-4,500常用字形音 　義	常用字知識（字形、音、義）、使用 常用字範圍：3,500-4,000字	
2.詞語的理解與使用 　理解、應用詞語 　文言文詞義	常用詞知識、使用 常用文言文字詞知識（字、詞、虛字義、詞語結構） 常用詞範圍：5,000-6,500詞語	
3.基本的語文常識 　應用語文常識（語法、標點、六書、書體、碑帖）	造字原則知識 書體碑帖知識	標點表達效果
4.文本的統整與應用 　提取、統整文本訊息 　轉化為解決問題的能力		應用閱讀策略 自行閱讀多元文本

（續下頁）

會考國文評量重點	課綱學習內容	課綱學習表現
5.句段篇章的理解與賞析 （1）**句子理解** 　　理解各類文本的句子 （2）**段落理解** 　　理解段落與主要概念 　　指出寫作的目的與觀 　　點 （3）**篇章理解** 　　理解各類文本內容、 　　形式和寫作特色	句段知識、使用 標點符號、四大句型、句子邏輯（可能指句法結構）與意義 篇章知識、使用 篇章主旨、結構、寓意 篇章範圍：現代文學作品、古典文學作品	理解句子、段落、主要概念 指出寫作目的與觀點 理解各類文本內容、形式和寫作特色

　　根據表1-3-3內容的比較，就國文科的知識學習重點言，會考考試內容兼具十二年國教課綱學習內容與學習表現的內涵，並以簡單、具體的文字將國中生應具備的基本語文知識，字、詞、句、段、篇章閱讀知識，多元文本的閱讀策略知識，做了較完整的描述。老師在教學時可多加參考。

第四節　小結

　　本章從十二年國教課綱為研究起點，分析三大核心素養以「自主行動」為國語文教學核心，並說明其下三項子素養：「身心素質與自我精進」、「系統思考與解決問題」及「規劃執行與創新應變」在國語文教學上的意義與價值。從而歸納出老師若能以具體的操作步驟，引導學生習得系統化的閱讀策略，將能幫助學生培養獨立解決問題的能力，最終達到自主行動的目標。

　　其次，根據國語文課綱中有關國中階段的國語文學習內容及閱讀能力指標，並參照國立臺灣師範大學心理與教育測驗研究發展中心公布的國文科會考評量重點，嘗試說明國中生國語文閱讀能力應以字詞、句、段落、篇章及多元文本為學習範圍，並以理解字詞、句子、段落、篇章的相關知識，例如：詞句義、主要概念、寫作目的、結果原因、概念例子、觀點、內容細節、文本形式、寫作特色等，作為學生學習閱讀理解，表現閱讀能力的依據。

　　由於本書旨在探討國中生有關文言記敘文本的閱讀策略，所以本章勾勒出國語文閱讀理解的學習重點後，將以歷屆會考內容為基礎，分析閱讀文言記敘文本需具備的閱讀能力，並根據這些能力，規劃各種閱讀操作步驟，讓學生藉由反覆練習，自然在大腦形成迴路，並自動內化為閱讀策略，用以提升文言記敘文本的閱讀能力。

第二章
100-112年會考文言記敘短文的試題特色

透過分析會考國文科試題，可以瞭解試題的評量重點。本章首先聚焦探討100-112年以文言記敘短文為題材的試題評量重點、題幹用語及試題內容；進而從中歸納出會考試題主要在評量學生哪些國語文閱讀能力，讓教師和學生清楚瞭解應針對哪些能力進行學習策略的訓練與培養，才能提升學生的閱讀表現。

第一節　試題內容

依據教育部「國民小學及國民中學學生成績評量準則」，為瞭解並確保國中畢業生的學力品質，自103年起實施國中教育會考，作為評量我國國中畢業生學力之機制。國中教育會考之國文科試題旨在評量學生於國中階段習得的語文應用能力，以及他們理解統整文本的能力。

壹　以100-112年試題為範圍

國立臺灣師範大學心理與教育測驗研究發展中心負責規劃高

中入學測驗已經行之有年，在這段時間高中入學測驗的名稱也有變化：91-102年稱為「國中基本學力測驗」（簡稱「基測」）；103-112年稱為「國中教育會考」（簡稱「會考」）。

自111年起，為因應108課綱的實施，會考國文科試題總數由48題減為42題，所以在分析高中入學測驗試題時，基本上應分為三類：基測（91-102年）、會考一（103-110年）、會考二（111年開始）。

根據作者觀察基測、會考一、會考二歷屆國文科試題的測驗內容（國立臺灣師範大學心理與教育測驗研究發展中心，無日期b），發現試題可分為三類：語文應用、閱讀單題、閱讀題組。語文應用類的試題，歷年皆維持在8-10題，變化較小，而閱讀單題則呈現出從25題減至17題的趨勢，變化較大，至於閱讀題組也從13題增至17題，變化居次。

如果再進一步觀察閱讀單題的內容，又可發現單詞、句子、段落理解的試題，題數的變化極為明顯。而閱讀題組的題數變化雖然居中，但從會考一轉為會考二仍有較大差異。試以基測（92年第1次）、會考一（103年）、會考二（111年）的試題作為觀察比較的依據，將三份試題相關內容的題數統計說明如下（見表2-1-1）：

表 2-1-1　基測會考內容題數統計表 1

項目	子項目	基測	會考一	會考二
年度		9201	103	111
語文應用		9	10	8
閱讀單題	詞語理解	7	3	2
	句子理解	10	7	1
	段落理解	7	15	14
閱讀題組	短文理解	15	13	17
題數		48	48	42

註：因為91年基測試題剛開始實施，形式內容還不夠穩定，所以選擇試題內容
　　較穩定的92年試題進行比較分析。又由於基測試題每個年度都有二份，故
　　在本書中以「9201」標示92年度第一次基測試題、「9202」標示92年度第
　　二次基測試題，其餘皆以此類推。

　　根據上表的統計數據，可有以下推論：

1. 基測較重視詞句理解

2. 會考一較重視段落理解

3. 會考二較重視段落、短文理解

　　因此我們可以說，由基測發展到會考，高中入學測驗的國文
科試題，評量重點也由詞句理解轉變為段落與短文理解。由於段
落閱讀單題評量的是學生較複雜的閱讀能力，而短文閱讀題組評
量的是二至三種閱讀能力的綜合應用，所以會考所評量的閱讀能
力比基測更為多元深廣。

　　除此之外，由於高中入學測驗是國家大型入學考試，不僅須

考慮它的公平性與準確性，也需要考慮考生的適應性與熟悉感，所以試題方向的調整，必須在兩三年前開始進行微調。有鑑於此，如果我們想觀察會考試題較完整的面貌，必須從前兩三年開始進行比較，所得的結果才會較為精確整全。試以下表觀察比較基測100年第一次測驗的試題內容，與基測（92年第一次）、會考一（103年）、會考二（111年）試題的相似度：

表 2-1-2　基測會考內容題數統計表 2

項目	基測	基測	會考一	會考二
年度	9201	10001	103	111
語文應用	9	10	10	8
詞語理解	7	3	3	2
句子理解	10	10	7	1
段落理解	7	12	15	14
短文理解	15	13	13	17

根據上表的統計數據，我們發現基測10001試題已呈現出由基測過渡到會考的痕跡，除了句子理解的題數與基測9201試題相同外，其他試題皆與會考一的試題組成更為接近，例如：評量詞語理解的題數減少、評量段落理解的題數增加、評量短文理解的題數減少等，這些變化都顯示出基測10001試題與會考內容更為接近。

　　因此本書將研究範圍訂為100年至112年，就是希望能讓試題的分析更為周全。

貳　文言記敘短文的選擇標準

　　王力（1983）指出「文言」通常包含上古漢語書面語言，以及後來歷代作家仿古作品中的語言；陳蒲清（1980）將文言定義為是「古代漢語的書面語言」，並指出僅以時間來分辨文言的概念並不確切。張中行（1988）提出文言是古代文人慣用的表達方式，也可以指文言作品，例如：甲骨文、金文、戰國兩漢及此後的古文作品、駢文、詩詞皆是文言。

　　「記敘」通常以人物的經歷、言行和事物（事件和場景等）發展變化的過程為書寫主體（劉忠慧，1996）。劉世劍（1995）也指出記敘主要是以人物或事件為線索，表現出場景轉換、過程發展，主要內容可包括：1. 交代背景或事由、2. 描繪場面、3. 介紹人物。Labov 和 Waletzky（1997）提出基本的記敘文架構──「源起、衝突、評價、結果」。源起包含定位人物、地點、時間和情境；衝突代表主要的複雜事件，有可能是情節高潮或人物需解決的困難；評價則為時間線索推進下，對於事件或情節重要性的評估；解決則揭示了困難或衝突如何得到解決。Decker 和 Schwegler（1990）則指出記敘文主要藉由事件的層層遞進，塑造引人入勝的效果，此類文本具特色之處包含敘寫細節、時間順序和對話。

　　故事文本通常也多以記敘文形式呈現，故事文本特有的篇章結構形式，稱為「故事文法」（story grammar）（Dimino, Gersten, Carnine, & Blake, 1990; Kameenui & Simmons, 1990），主要包括人物、人物解決問題／衝突之歷程（問題發生、解決問題的事件發展、結果）、人物對事件的反應。王瓊珠（2012）列出故事結構具

有六項基本元素：1. 主角（主角特質）、2. 情境（時間與地點）、3. 主要問題或衝突、4. 事件經過、5. 主角反應、6. 結局。此六項元素與上述的記敘文架構既能彼此呼應，亦可相互補充。

　　綜上所述，本書將屬於古文，且符合以第三人稱視角描寫「人物言行」，或具有「事件發展歷程／人物解難過程」的文本素材，作為研究對象。

　　據此，試以下表統計100-112年試題中，以文言記敘短文為題材，並以評量詞語、句子、段落與短文理解為主之閱讀單題與閱讀題組的題數。

表 2-1-3　100-112 年文言記敘短文會考試題題數統計表

項目	10001	10002	101	102	103	104	105	106	107	108	109	110	111	112	總計
單題	2	1	2	1	3	2	1	3	4	2	4	4	2	2	33
題組	2	4	2	3	2	4	4	2	3	2	0	3	2	2	35

根據上表的統計數據，可發現以文言記敘短文為題材的試題，其閱讀單題及閱讀題組的試題數量各分別維持在4題以內，且自111年開始，閱讀單題及閱讀題組的數量皆為2題。

第二節　試題評量重點

　　根據上述說明，我們再進一步將100-112年試題中，所有以文言記敘短文為題材的相關試題，依評量重點加以分類。

　　鄭圓鈴（2015，2018）指出試題的題幹為評量之核心，因此透過題幹的描述即可瞭解評量問題的提問重點。游適宏（2012）根據大考文言文閱讀選擇題組的試題題幹，判斷題目所評量的閱讀層次，並透過分析試題的選項設計，確悉其評量目的。除此之外，盧雪梅（2011）探討基測國文科試題的文本素材類型分布，指出文言文選文多為故事或有情節的文章，由此可見，試題的題材內容亦可為分析試題之依據。

　　有鑑於此，本書試題評量重點的分析原則有三：1. 依據題幹用語、2. 依據選項內容、3. 依據題材內容。上述三原則的選擇順序，依序為題幹用語、選項內容、題材內容，亦即若試題的題幹用語足以判斷，便先以此判斷；若題幹用語不足以判斷，則先後加入選項及題材之內容加以判斷。

　　根據上述原則，試將試題的評量重點分為：詞語理解、句子理解、段落理解三個主要項目，每個項目再依其評量重點分為數個子項目。有關評量重點各項目的類別名稱、分類原則、題幹用語、試題內容分別說明如下。

壹　詞語理解

　　評量詞語理解的試題有二種，一為說明詞義、一為說明主詞。分類原則為依據題幹用語判斷。

一　說明詞義

（一）題幹用語

　　此類試題的題幹以說明「字／詞」的意義為核心，敘述方式有稍許變化[1]，例如：「」中語詞的意義／「」中字的意義說明等。

（二）試題內容

> 少室周為趙簡子之右，聞牛談有力，請與之競，弗勝，致右焉。簡子許之，使少室周為宰，曰：「知賢而讓，可以為訓矣。」——改寫自《國語·晉語》

1. 根據文意脈絡，下列何者最適合用來說明「訓」字的意義？
   【會112-12】[2]
   (A) 典範※[3]
   (B) 順從
   (C) 教誨
   (D) 解釋

1 　強調重點，在字句上加「強調記號」。
2 　【測驗簡稱、年度-題號】，例如：【會112-12】為112年國中教育會考國文科第12題，其餘皆以此類推。
3 　※：答案。

　　燕泰山太守賈堅屯山荏，荀羨引兵擊之，堅所將才七百餘人，羨兵十倍於堅。堅將出戰，諸將皆曰：「眾少，不如固守。」堅曰：「固守亦不能免，不如戰也。」遂出戰，身先士卒，殺羨兵千餘人，復還入城。羨進攻之，堅歎曰：「吾自結髮，志立功名，而每值窮阨，豈非命乎！與其屈辱而生，不若守節而死。」乃謂將士曰：「今危困，計無所設，卿等可去，吾將止死。」將士皆泣曰：「府君不出，眾亦俱死耳。」堅曰：「今當為卿曹決鬥，若勢不能支，卿等可去，勿復顧我也！」乃開門直出。羨兵四集，堅立馬橋上，左右射之，皆應弦而倒。羨兵眾多，從塹下斫橋，堅人馬俱陷，生擒之，遂拔山荏。——改寫自《資治通鑑》

2. 下列文句「　」中語詞的意義，何者說明正確？【會104-47】

(A) 吾自「結髮」，志立功名：襁褓

(B) 「府君」不出，眾亦俱死耳：荀羨

(C) 今當為「卿曹」決鬥：你們※

(D) 堅立馬橋上，「左右」射之：隨從

【甲】

柳開少好任氣，大言凌物。應舉時，以文章投於主考簾前，凡千軸，載以獨輪車。引試日，自擁車入，欲以此駭眾取名。其時張景能文有名，唯袖一書簾前獻之。主考大稱賞，擢景優等。時人為之語曰：「柳開千軸，不如張景一書。」──改寫自沈括《夢溪筆談》

【乙】

張景，字晦之，江陵公安人。幼能長言，嗜學尤力。貧不治產，往從柳開。開以文自名，而薦寵士類，一見歡甚，悉出家書予之，由是屬辭益有法度。開每曰：「今朝中之士，誰踰晦之者！」即厚饋，使如京師。後中進士。──改寫自宋祁〈故大理評事張公墓誌銘〉

3. 下列文句「」中字的意義說明，何者最恰當？【會110-46】

(A) 駭眾取「名」：姓名

(B) 嗜學「尤」力：尚且

(C) 「悉」出家書予之：明白

(D) 使「如」京師：前往※

二 說明主詞

（一）題幹用語

此類試題的題幹以說明省略的主語為核心，敘述方式有稍許變化，例如：省略的主語／（　）中所應填入的主語／省略的主詞，何者不是青州客等。

（二）試題內容

余少時，聞曹敞在吳章門下，往往好斥人過，或以為輕薄，世人皆以為然。章後為王莽所殺，人無有敢收葬者。弟子皆更易姓名，以從他師。敞時為司徒掾，獨稱吳門弟子，收葬其尸，方知亮直者不見容於冗輩中矣。──改寫自《西京雜記‧曹敞收葬》

1. 下列文句所省略的主語，何者說明正確？【基10001-47】
　　(A) 聞曹敞在吳章門下──曹敞
　　(B) 往往好斥人過──曹敞※
　　(C) 獨稱吳門弟子──吳章
　　(D) 方知亮直者不見容於冗輩中矣──吳章

王次仲者，以為世之篆文，工多而用寡，難以速就。四海多事，筆札為先，乃變篆籀之體為隸書。秦始皇以次仲所易文簡，其功利於人而召之，三徵入秦，不至。次仲履真懷道，窮數術之美。始皇怒其不恭，令檻車送之。次仲化為大鳥，翻飛出車外，落二翮於峰巒，故有大翮、小翮之名矣。──改寫自《仙傳拾遺》、《水經注》

2. 下列文句（　）中所應填入的主語，何者正確？【會105-47】
　　(A)（　）工多而用寡──秦始皇
　　(B)（　）乃變篆籀之體為隸書──筆札
　　(C)（　）三徵入秦──王次仲
　　(D)（　）落二翮於峰巒──大鳥※

朱梁時，青州有賈客泛海遇風，飄至一處，遠望有山川城郭。海師曰：「往昔遭風，未嘗至此。吾聞鬼國在是，莫非此耶？」頃之，舟至岸，因登岸，<u>向城而去</u>。其盧舍田畝，不殊中國。<u>見人皆揖之</u>，而人皆不見己。至城，有守門者，揖之，<u>亦不應</u>。入城，屋室人物甚殷，遂至王宮。正值大宴，群臣侍宴者數十，其器用絲竹陳設之類，多類中國。客因升殿，俯逼王座以窺之。俄而王有疾，左右扶還，亟召巫者視之。巫至，曰：「有陽地人至此，陽氣逼人，故王病。其人偶來爾，無心為祟，以飲食車馬謝遣之，可矣。」即具酒食，設座於別室，巫及其群臣皆來祀祝，客據案而食。俄有僕夫馭馬而至，客亦乘馬而歸，至岸登舟，國人竟不見己，<u>復遇便風得歸</u>。時賀德儉為青州節度，與魏博節度楊師厚有親，因遣此客使魏，其為師厚言之。魏人范宣古親聞其事，為余言。──改寫自《太平廣記·青州客》

3. 故事中<u>雙底線</u>處所省略的主詞，何者<u>不是</u>青州客？【會107-44】

(A) 向城而去

(B) 見人皆揖之

(C) 亦不應※

(D) 復遇便風得歸

王起主文柄，欲以白敏中為狀元，病其與賀拔甚為友。甚有文而落拓。乃密令門人申意，俾敏中與甚絕。門人復約敏中，具以告之。敏中曰：「皆如所教。」既而甚果造門，左右欺以敏中他適，甚遲留不言而去。俄頃，敏中躍出，連呼左右召甚，悉以實告，曰：「一第何患不致，奈輕負至交！」相與歡醉。門人睹之，大怒而去。懇告於起，且云不可必矣。起曰：「我原只得白敏中，今當更取賀拔甚矣。」——改寫自《唐摭言》

4. 根據本文，下列文句省略的主語，何者是白敏中？【會111-41】

　(A) 病其與賀拔甚為友

　(B) 乃密令門人申意

　(C) 悉以實告※

　(D) 大怒而去

貳　句子理解

　　評量句子理解的試題有二種，一為說明句義、一為說明句子特質。分類原則為依據題幹用語判斷。

一　說明句義

（一）題幹用語

　　此類試題的題幹以說明句子的意義為核心，敘述方式有稍許變化，例如：「但見其上，未見其下」的涵義／文句的解說等。

（二）試題內容

【甲】

　　司馬昭專權，帝欲殺之，反為賈充、成濟所害。昭入殿中，召群臣會議。尚書左僕射陳泰不至，昭使其舅尚書荀顗召之，泰曰：「世之論者以泰方於舅，今舅不如泰也。」子弟內外咸共逼之，乃入，見昭，悲慟，昭亦對之泣曰：「卿何以處我？」泰曰：「獨有斬賈充，少可以謝天下耳。」昭久之曰：「卿更思其次。」泰曰：「惟有進於此，不知其次。」昭乃不復更言。——改寫自《資治通鑑・魏紀九》

【乙】

帝崩，內外喧譁。司馬昭問陳泰曰：「何以靜之？」泰云：「唯殺賈充以謝天下。」昭曰：「可復下此否？」對曰：「但見其上，未見其下。」——改寫自《世說新語‧方正》

1. 根據甲篇內容，可推測乙篇陳泰所言「但見其上，未見其下」的涵義最可能是下列何者？【會108-48】
   (A) 指出賈充屢獲晉升卻未曾被貶官
   (B) 認為殺賈充是最起碼的處置方式※
   (C) 批評司馬昭遇事時未能顧及下屬
   (D) 諷刺司馬昭只知媚上卻無法服眾

大將軍仇鸞，始為曾銑所劾，欲倚嚴嵩以抗曾銑，故約為父子。已而鸞得帝重，嵩猶視之若子，遂浸相惡。嵩密疏毀鸞，帝不聽，而頗納鸞所陳嵩父子過，少疏之。嵩當入值，不召者數矣。嵩見徐階、李本入西內，即與俱入。至西華門，門者以非詔旨格之。嵩還第，父子對泣。時陸炳掌錦衣，與鸞爭寵，嵩乃結炳共圖鸞。會鸞病死，炳訐鸞陰事，帝追戮之。於是益信任嵩，遣所乘龍舟過海子召嵩，載值西內如故。——改寫自《明史‧奸臣》

2. 下列文句的解說，何者最恰當？【會112-40】
   (A) 門者以非詔旨格之：守門者將徐階、李本擋下
   (B) 嵩還第，父子對泣：嚴嵩與仇鸞兩人盡釋前嫌
   (C) 炳訐鸞陰事，帝追戮之：皇帝認為陸炳毀謗死者，憤而殺之
   (D) 遣所乘龍舟過海子召嵩：皇帝以高規格召回嚴嵩，以示禮遇※

二　說明句子特質

（一）題幹用語

此類試題的題幹以說明句子的ＸＸ為核心，ＸＸ說明提問的重點，一般以提問句子特質，例如：語氣、想法、技巧、特定涵義為主。敘述方式略有差異，例如：何者運用假設語氣／父親在兒子得到寶珠之後的想法／何者與莊子的想法最接近／回話的技巧／何者顯示出古代女性不受重視的意識等。

（二）試題內容

河上有翁，家貧，織蘆蒿為簾，賣以供食。其子沒於淵，得千金之珠。其父謂其子曰：「取石槌破之。夫千金之珠，必在九重之淵而驪龍頷下。子能得珠者，必值其睡也。使驪龍而寤，子當為虀粉，何珠之有哉？」──改寫自《莊子・列禦寇》

1. 下列文句，何者運用假設語氣？【基101-48】
   (A) 其子沒於淵，得千金之珠
   (B) 子能得珠者，必值其睡也
   (C) 夫千金之珠，必在九重之淵而驪龍頷下
   (D) 使驪龍而寤，子當為齏粉，何珠之有哉※

2. 根據這則故事，父親在兒子得到寶珠之後的想法或作為，以下詮釋何者最恰當？【基101-47】
   (A) 自傷教子無方，兒子竟然做出盜取寶珠的行為
   (B) 認為兒子冒險取得的寶珠非真品，故以石槌擊破
   (C) 以為兒子是僥倖得到寶珠，卻不知背後隱藏的危機※
   (D) 提醒兒子取珠時若驚醒驪龍，當藏珠於頷下迅速逃脫

   莊子釣於濮水，楚王使大夫二人往先焉，曰：「願以境內累矣！」莊子持竿不顧，曰：「吾聞楚有神龜，死已三千歲矣，王巾笥而藏之廟堂之上。此龜者，寧其死為留骨而貴乎，寧其生而曳尾於塗中乎？」二大夫曰：「寧生而曳尾塗中。」莊子曰：「往矣！吾將曳尾於塗中。」──改寫自《莊子·秋水》

3. 根據這段文字，下列何者與莊子的想法最接近？【會111-23】
   (A) 人死留名，虎死留皮
   (B) 不慕榮利，唯願逍遙※
   (C) 神龜雖壽，猶有竟時
   (D) 寧鳴而死，不默而生

隋人張生敏慧，楊素每閑悶，即召與戲談。嘗歲暮無事對坐，素戲之云：「計公多能，無惑不解。今日家中有人蛇咬足，若為醫治？」張生云：「取五月五日南牆下雪塗即治。」素云：「五月何處得有雪？」答云：「五月無雪，臘月何處有蛇咬？」素笑而遣之。」——改寫自《啟顏錄‧吃人》

4. 文中張生回話的技巧，可用下列何者來形容？【基10001-13】

　(A) 虛應故事且答非所問

　(B) 委婉含蓄並旁敲側擊

　(C) 巧言令色以投其所好

　(D) 以其人之道還治其人※

　　東越閩中，有庸嶺，高數十里，其西北溼地有大蛇，長七八丈，大十餘圍，土俗常懼。東冶都尉及屬城長吏，多有死者。祭以牛羊，故不得福，或與人夢，或下諭巫祝，欲得啖童女年十二三者。都尉、令、長，並共患之，然氣屬不息，乃請求人家婢子，或有罪家女養之，至八月朝，祭送蛇穴口，蛇出吞囓之。累年如此，已用九女。

　　爾時預復募索，未得其女，將樂縣李誕，家有六女，無男。其小女名寄，應募欲行。父母不聽。寄曰：「父母無德，惟生六女，無有一男，雖有如無。女無緹縈濟父母之功，既不能供養，徒費衣食，生無所益，不如早死。賣寄之身，可得少錢，以供父母，豈不善耶？」父母慈憐，終不聽去。寄自潛行，不可禁止。

　　寄乃告請好劍及咋蛇犬。至八月朝，便詣廟中坐，懷
劍，攜犬。先將數石糕餅，用蜜漿灌之，以置穴口。蛇便
出。頭大如穀倉，目如二尺鏡，聞餅香氣，先啖食之。寄便
放犬，犬就齧咋，寄從後斫得數創。創痛急，蛇因躍出，至
庭而死。寄入視穴，得其九女骷髏，悉舉出，吒言曰：「汝
輩怯弱，為蛇所食，甚可哀憐！」於是寄緩步而歸。

　　越王聞之，聘寄為后，拜其父為將樂令，母及姊皆有賞
賜。自是東冶無復妖邪之物。——改寫自干寶《搜神記·李寄》

5. 下列文句，何者最能顯示出古代女性不受重視的意識？【基
　　102-46】

　　(A) 欲得啖童女年十二三者

　　(B) 父母無德，惟生六女，無有一男※

　　(C) 汝輩怯弱，為蛇所食，甚可哀憐

　　(D) 越王聞之，聘寄為后

參　段落理解

評量段落理解的試題有五種，一為推斷寫作目的、一為推斷人物特質、一為推斷故事結果原因、一為整合內容細節、一為分析寫作手法／方式。分類原則為依據題幹用語判斷。

一　推斷寫作目的

（一）題幹用語

此類試題的題幹以故事的ＸＸ最可能是……為核心，ＸＸ說明提問的重點，一般以提問寓意、道理、諷刺、作用為主。敘述方式略有差異，例如：故事的寓意／故事所要告誡世人的道理／故事所說明的道理／揭露（諷刺）世間哪一種醜態／這段文字的作用／故事所寄託的涵義等。此類試題多為記敘故事，再根據故事提供的線索，推論作者未明說的寫作目的。

（二）試題內容

張生惡鼠，傾財求良貓。饜以腥膏，眠以氈罽。貓既飽且安，率不捕鼠，甚者與鼠遊戲，鼠以故益暴。張生怒，遂不復畜貓。──改寫自《耳食錄》

1. 這則故事的寓意最可能是下列何者？【基101-27】
   (A) 緊要關頭應當機立斷，快刀斬亂麻
   (B) 取暖莫靠別人的火，要自己動手砍柴
   (C) 掌握正確的做事方法，才能解決問題※
   (D) 人們應把抱怨環境的心情，化為上進的力量

某相國之孫，乞米於人，歸途無力自負，覓一市傭代之，嗔其行遲，曰：「吾生相門，不能肩負，固也；汝傭也，胡為亦爾？」對曰：「吾亦某尚書孫也。」此事聞之於董蒼水。貴人子孫，不可不知。——改寫自王士禎《池北偶談》

2. 這則故事所要告誡世人的道理，與下列何者最接近？【會103-17】

(A) 能勤小物，故無大患

(B) 家必自毀，而後人毀之

(C) 祖蔭不可圖，唯己力可恃※

(D) 但存方寸地，留與子孫耕

鄭人有愛惜魚者，計無從得魚，或汕，或網，或設餌鉤之，列三盆庭中，且實水焉。人曰：「魚以江為命，今處一勺之水，日玩弄之，而曰：『我愛魚，我愛魚』，魚不腐者，寡矣！」不聽，未三日，魚皆鱗敗以死。鄭人始悔不用或人之言。——改寫自宋濂《宋文憲公全集》

3. 這則故事所說明的道理，與下列何者最接近？【會103-23】

(A) 凡事適可而止，貪多無益

(B) 取物宜依道義，不可強奪

(C) 玩物容易喪志，宜加以節制

(D) 待物順應自然，不妄加干預※

有農夫種茄不活，求計於農務司，司吏曰：「此不難，每茄根下埋一文即活。」問其何故，答曰：「有錢者生，無錢者死。」——改寫自《笑林廣記》

4. 這段文字主要在揭露世間哪一種醜態？【會104-11】
   (A) 貪官好賄，索求無度※
   (B) 官商勾結，欺瞞大眾
   (C) 不務正道，盡信偏方
   (D) 鑽營旁門，好走捷徑

朱梁時，青州有賈客泛海遇風，飄至一處，遠望有山川城郭。海師曰：「往昔遭風，未嘗至此。吾聞鬼國在是，莫非此耶？」頃之，舟至岸，因登岸，向城而去。其廬舍田畝，不殊中國。見人皆揖之，而人皆不見己。至城，有守門者，揖之，亦不應。入城，屋室人物甚殷，遂至王宮。正值大宴，群臣侍宴者數十，其器用絲竹陳設之類，多類中國。客因升殿，俯逼王座以窺之。俄而王有疾，左右扶還，亟召巫者視之。巫至，曰：「有陽地人至此，陽氣逼人，故王病。其人偶來爾，無心為祟，以飲食車馬謝遣之，可矣。」即具酒食，設座於別室，巫及其群臣皆來祀祝，客據案而食。俄有僕夫馭馬而至，客亦乘馬而歸，至岸登舟，國人竟不見己，復遇便風得歸。時賀德儉為青州節度，與魏博節度楊師厚有親，因遣此客使魏，其為師厚言之。魏人范宣古親聞其事，為余言。——改寫自《太平廣記·青州客》

5. 文末「時賀德儉為青州節度，與魏博節度楊師厚有親，因遣此客使魏，其為師厚言之。魏人范宣古親聞其事，為余言。」這段文字的作用最可能是下列何者？【會107-46】
　(A) 顯示作者的交遊廣闊
　(B) 點出故事發生的地點
　(C) 表明作者的身分、來歷
　(D) 強調故事內容言而有據※

司城子之圃人之子，食鯸鮐而死，弗哭。司城子問之曰：「父與子有愛乎？」曰：「何為其無愛也？」司城子曰：「然則爾之子死而弗哭，何也？」對曰：「臣聞之：死生有命，知命者不苟死。鯸鮐，毒魚也。食之者死，夫人莫不知也。而必食以死，是為口腹而輕其生，非人子也。是以弗哭。」──《郁離子·食鮐》

6. 這則故事所寄託的涵義，與下列何者最接近？【基10002-46】
　(A) 廉者足而不憂，貪者憂而不足
　(B) 能安於清澹，則不為富貴所淫
　(C) 少慾則易足，易足則心靜智明
　(D) 一念之慾倘不能制，恐致大禍※

二　推斷人物特質

（一）題幹用語

　　此類試題的題幹以何者最適合形容人物的某行為為核心。敘述方式略有差異，例如：何者最適合用來形容文中的術士／據此可看出他具備什麼樣的特質／最適合用來形容曹敞為吳章收葬的行為／太宗在領悟弓矢之理後，所表現的作為是／景公的作為最適合以下列何者來形容／晏子在政治上的哪一種智慧／推知佟中丞的為人如何。此類試題多為記敘人物言行，再根據言行表現所提供的線索，推論作者未明說的人物特質。

（二）試題內容

　　趙王李德誠鎮江西，有術士自稱：「世人賤貴，一見輒分。」王使女妓數人，與妻滕國君同妝梳服飾，偕立庭中，請辨良賤。客俯躬而進曰：「國君頭上有黃雲。」群妓不覺皆仰首，術士曰：「此是國君也。」王悅而遣之。──改寫自林坤《誠齋雜記》

1. 下列何者最適合用來形容文中的術士？【基10002-8】
   (A) 目有神力，貴賤立判
   (B) 信口雌黃，誤打誤撞
   (C) 機智靈活，巧工心計※
   (D) 透析陰陽，能施法術

必備匙箸兩副，食前多品。擇取欲食者，以別箸取之，置一器中，食之必盡。飯前以別匙分而另置，始膳。吳后嘗問其故，曰：「不欲以殘食與宮人食也。」——改寫自田汝成《西湖遊覽志餘》

2. 這段文字記載宋高宗的用膳習慣，據此可看出他具備什麼樣的特質？【會110-32】
   (A) 用餐講究排場
   (B) 飲食注重養生
   (C) 對妻言聽計從
   (D) 待下體貼細心※

余少時，聞曹敞在吳章門下，往往好斥人過，或以為輕薄，世人皆以為然。章後為王莽所殺，人無有敢收葬者。弟子皆更易姓名，以從他師。敞時為司徒掾，獨稱吳門弟子，收葬其尸，方知亮直者不見容於冗輩中矣。——改寫自《西京雜記·曹敞收葬》

3. 根據本文，下列何者最適合用來形容曹敞為吳章收葬的行為？【基10001-48】
   (A) 萍水相逢，拔刀相助
   (B) 竭盡己能，大公無私
   (C) 慮周行果，善為長久之計
   (D) 當理不避其難，義無反顧※

　　貞觀初，太宗謂蕭瑀曰：「朕少好弓矢，自謂能盡其妙。近得良弓十數，以示弓工，乃曰：『皆非良材也。』朕問其故，工曰：『木心不正，則脈理皆邪；弓雖剛勁，而遣箭不直，非良弓也。』朕始悟焉。朕以弧矢定四方，用弓多矣，而猶不得其理。況朕有天下之日淺，得為理之意固未及於弓，弓猶失之，而況於天下乎？」

　　自是詔京官五品以上，更宿內省。每召見，皆賜坐與語，詢訪外事，務知百姓利害、政教得失焉。──改寫自吳兢《貞觀政要》

4. 根據本文末段，太宗在領悟弓矢之理後，所表現的作為是下列何者？【會103-46】
  (A) 虛心請益，察納雅言※
  (B) 賞善罰惡，立法公正
  (C) 親入民間，體察民情
  (D) 以德教化，導正民心

　　景公之時饑，晏子請為民發粟，公不許。當為路寢之臺，晏子令吏重其賃，遠其兆，徐其日而不趨。三年臺成而民振，故上悅乎遊，民足乎食。──改寫自《晏子春秋》

5. 根據本文，景公的作為最適合以下列何者來形容？【會104-45】
  (A) 短視近利，弄巧成拙
  (B) 徵收重稅，與民爭利
  (C) 誤信讒言，疏遠賢臣
  (D) 圖己之樂，不恤民生※

6. 本文呈現了晏子在政治上的哪一種智慧？【會104-46】
　　(A) 無為而治，使民休養生息
　　(B) 知所變通，化解君民衝突※
　　(C) 集合眾智，致使政通人和
　　(D) 虛與委蛇，改變君王欲求

　　佟中丞鳳彩巡撫河南，年已老，每日五鼓，燃燭治文書，或坐倦假寐，少頃，輒矍然起，自呼其名曰：「佟某，汝為朝廷大臣，封疆之重，皆汝肩之，奈何不任事若此！」輒以手批頰數四。侍者為之悚慄。

　　中丞在豫，恩澤普及，豫人感其德，猶繪像祀之。——改寫自葛虛存《清代名人軼事》

7. 根據本文的敘述，可推知佟中丞的為人如何？【會106-46】
　　(A) 自許甚高，治事嚴謹※
　　(B) 嫉惡如仇，律下嚴厲
　　(C) 貧賤不移，威武不屈
　　(D) 豁達大度，不拘小節

三　推斷故事結果原因

（一）題幹用語

　　此類試題的題幹以 X̌ X̌ 的原因。最可能是⋯⋯為核心，X X 說明提問的重點，一般以提問行為、結果為主。敘述方式略有差異，例如：富弼勸契丹王不要舉兵的主要論點（原因）／「師古乃止」的原因／廉頗不復重用的原因／趙簡子之所以得到壯馳茲的祝賀，其原因／楚莊王有憂色的原因／圉人死了兒子卻不哭的原因／王起說⋯⋯的原因／仇鸞與嚴嵩一開始交惡的原因等。此類試題多為記敘故事，再根據故事提供的線索，推論作者未明說的行為或結果之原因。

（二）試題內容

　　富弼奉使契丹，王言欲舉兵。富弼曰：「北朝與中國通好，則人主專其利，而臣下無所獲。若用兵則利歸臣下，而人主任其禍。故北朝群臣爭勸舉兵者，此皆其自謀，非國計也。勝負未可知，就使其勝，所亡士馬，群臣當之歟？抑人主當之歟？」——改寫自《宋史》

1. 根據這段文字，可知富弼勸契丹王不要舉兵的主要論點（原因）為何？【基102-30】

　　(A) 表示中國已有萬全準備，契丹未必能勝

　　(B) 暗示契丹君臣不合，貿然舉兵恐生內亂

　　(C) 分析君臣立場不同，舉兵不利於契丹王※

　　(D) 告知戰爭必致生靈塗炭，陷百姓於水火

李師古跋扈，憚杜黃裳為相，未敢失禮，乃寄錢物百萬，並氈車一乘。使者未敢進，乃於宅門伺候。有肩輿自宅出，從婢二人，青衣襤褸。問：「何人？」曰：「相公夫人。」使者遽歸以告，師古乃止。」──《唐語林・德行》

2. 根據本文，「師古乃止」的原因，最可能是下列何者？【會103-34】

(A) 由杜夫人行事知杜府儉樸，不宜致贈厚禮※

(B) 使者見杜相威儀可畏，不敢貿然呈上禮物

(C) 杜夫人治家有方，遣女婢婉拒李師古之禮

(D) 得知杜相府當時僅有女眷，不敢隨意過訪

趙以數困於秦兵，趙王思復得廉頗，廉頗亦思復用於趙。趙王使使者視廉頗尚可用否。廉頗之仇郭開多與使者金，令毀之。趙使者既見廉頗，廉頗為之一飯斗米，肉十斤，被甲上馬，以示尚可用。趙使還報王曰：「廉將軍雖老，尚善飯。然與臣坐，頃之三遺矢矣。」趙王以為老，遂不召。──《史記・廉頗藺相如列傳》

3. 根據這段文字，廉頗不復重用的原因，最可能是下列何者？
【會105-34】

(A) 不知禮數，席間得罪使者

(B) 老態畢現，難以征戰沙場

(C) 趙王憫其年老，賜歸還鄉

(D) 郭開挾怨報復，陰謀陷害※

趙簡子問於壯馳茲曰：「東方之士孰為愈？」壯馳茲曰：「敢賀！」簡子曰：「未應吾問，何賀？」對曰：「臣聞之：國家將興也，君子自以為不足；其亡也，若有餘。今子任晉國之政，而問及小人，又求賢人，吾是以賀。」──《國語·晉語》

4. 根據這段文字，趙簡子之所以得到壯馳茲的祝賀，其原因最可能是下列何者？【會108-27】

(A) 取得晉國執政權

(B) 能明辨小人與賢人

(C) 具備禮賢下士的態度※

(D) 已找到東方最好的謀士

楚莊王謀事而當，群臣莫能逮，退朝而有憂色。申公巫臣進曰：「君朝而有憂色，何也？」楚王曰：「吾聞之：諸侯自擇師者王，自擇友者霸，足於己而群臣莫若之者亡。今以不穀之不肖而議於朝，且群臣莫能逮，吾國其幾於亡矣，是以有憂色也。」──《新序·雜事一》

5. 根據這則故事，楚莊王有憂色的原因，最可能是下列何者？【會109-34】

(A) 缺乏優秀人才輔政※

(B) 群臣不願追隨國君

(C) 朝中小人當道亂政

(D) 難以抉擇施政方向

司城子之圉人之子，食鯸鮐而死，弗哭。司城子問之曰：
「父與子有愛乎？」曰：「何為其無愛也？」司城子曰：「然
則爾之子死而弗哭，何也？」對曰：「臣聞之：死生有命，
知命者不苟死。鯸鮐，毒魚也。食之者死，夫人莫不知也。
而必食以死，是為口腹而輕其生，非人子也。是以弗
哭。」——《郁離子·食鮐》

6. 根據本文，圉人死了兒子卻不哭的原因是下列何者？【基
10002-45】
(A) 圉人因其子貪圖不義之物致死而氣憤至極
(B) 圉人之子徒逞口腹之欲，不愛惜生命※
(C) 父子之間因疏於溝通，情感淡薄
(D) 圉人內心過於哀傷而欲哭無淚

王起主文柄，欲以白敏中為狀元，病其與賀拔惎為友。惎有
文而落拓。乃密令門人申意，俾敏中與惎絕。門人復約敏中，
具以告之。敏中曰：「皆如所教。」既而惎果造門，左右欺
以敏中他適，惎遲留不言而去。俄頃，敏中躍出，連呼左右
召惎，悉以實告，曰：「一第何患不致，奈輕負至交！」相
與歡醉。門人睹之，大怒而去。懇告於起，且云不可必矣。
起曰：「我原只得白敏中，今當更取賀拔惎矣。」——改寫自
《唐摭言》

7. 根據本文，王起說：「我原只得白敏中，今當更取賀拔基矣。」這句話的原因，最可能是下列何者？【會111-42】
   (A) 白敏中向王起推薦賀拔基取代自己
   (B) 賀拔基已知此次科考內幕，只好破格錄取封口
   (C) 比起白敏中的前倨後恭，賀拔基的真誠顯得更為可貴
   (D) 白敏中把賀拔基看得比狀元還重，可知賀拔基有過人之處※

大將軍仇鸞，始為曾銑所劾，欲倚嚴嵩以抗曾銑，故約為父子。已而鸞得帝重，嵩猶視之若子，遂浸相惡。嵩密疏毀鸞，帝不聽，而頗納鸞所陳嵩父子過，少疏之。嵩當入值，不召者數矣。嵩見徐階、李本入西內，即與俱入。至西華門，門者以非詔旨格之。嵩還第，父子對泣。時陸炳掌錦衣，與鸞爭寵，嵩乃結炳共圖鸞。會鸞病死，炳訐鸞陰事，帝追戮之。於是益信任嵩，遣所乘龍舟過海子召嵩，載值西內如故。──改寫自《明史‧奸臣》

8. 根據本文，下列何者最可能是仇鸞與嚴嵩一開始交惡的原因？【會112-39】
   (A) 嚴嵩私下上奏，詆毀仇鸞
   (B) 嚴嵩與曾銑結盟，疏遠仇鸞
   (C) 仇鸞向皇帝稟告嚴嵩父子的罪行
   (D) 仇鸞權位日重，不願嚴嵩仍以子視之※

四　整合內容細節

（一）題幹用語

　　此類試題的題幹敘述方式可分為三種：1.下列敘述何者正確；2.關於「　」的敘述，何者正確；3.下列推論，何者正確。

　　這三類提問方式，前兩項都是針對內容細節進行提問，差別只在於第一項的提問內容較發散，第二項的提問內容較聚焦。第三項的提問則強調推論，所以選項設計較重視根據線索進行推論，而非僅針對內容細節的對錯進行分辨。但此類試題設計較複雜，目前合乎此條件的試題不多，其他則為藉由題幹提問推論，但選項仍為分辨內容細節。

　　由於此類試題極多，因此可再依題材內容，分為三種：1.說明人／物經歷；2.說明人物言行；3.說明故事結果原因。以說明人／物經歷為題材的試題，其選項多為人／物經歷之內容細節。符合統整內容細節的分類原則；以說明人物言行為題材的試題，其選項多為人物言行細節，而非人物特質的概括。符合統整內容細節的分類原則。以說明故事結果原因為題材的試題，其選項正答多為故事結果原因的推論。如果改變題幹的提問方式，就會成為推斷故事結果原因的試題，會考將這類試題設計為統整式提問，或許只是想要混淆學生的判斷，增加試題的難度。

　　根據上述說明，統整內容細節試題的題幹宜以關於ＸＸ，下列敘述何者正確為核心。題材的選擇則宜以1.說明人／物經歷、2.說明人物言行為主。但為了方便老師釐清概念，以下分類仍先依題幹敘述方式，羅列三種不同提問類型的試題；再依題材內

容，羅列三種不同題材類別的試題，而針對說明故事結果原因的
試題，則提供題幹修改範例，供老師設計題幹之參考。

（二）試題內容

甲　題幹類別

（甲）下列敘述，何者正確

有客語：「馬肝大毒，能殺人，故漢武帝云：『文成食馬肝而
死。』」迂公適聞之，發笑曰：「客誑語耳，肝故在馬腹中，
馬何以不死？」客戲曰：「馬無百年之壽，以有肝故也。」
公大悟，家有畜馬，便刳其肝，馬立斃。公擲刀歎曰：「信哉，
毒也。去之尚不可活，況留肝乎？」──浮白齋主人《雅謔》

1. 根據這則笑話，下列敘述何者正確？【會106-17】
   (A) 漢武帝因食馬肝而死
   (B) 馬肝很毒，所以馬不長壽
   (C) 迂公原本不相信客人所說的話※
   (D) 從迂公殺馬的結果可知客人所言不虛

桃符仰視艾人而罵曰：「汝何等草芥，輒居我上？」艾人俯而
應曰：「自元日至端午以來，汝已半截入土，猶爭高下乎？」
桃符怒，往復紛然不已。門神解之曰：「吾輩不肖，方傍人
門戶，何暇爭閒氣耶？」──蘇軾《東坡志林》

2. 根據這段文字，下列敘述何者正確？【會106-32】

(A) 艾人以「半截入土」暗譏桃符有過時之嫌※

(B) 門神指責桃符愛爭閒氣，所以只能傍人門戶

(C) 三者位置由高而低依序是：門神、桃符、艾人

(D) 桃符與艾人為了元日、端午的重要性而爭吵不休

（乙）關於ＸＸ的敘述，何者正確

　　荊州街子葛清，自頸以下，遍刺白居易舍人詩。荊客陳至呼觀之，令其自解，背上亦能暗記。反手指其札處，至「不是花中偏愛菊」，則有一人持杯臨菊叢。又「黃夾纈林寒有葉」，則指一樹，樹上掛纈，纈上花紋極細。凡刻三十餘首，體無完膚，陳至贊為「白舍人行詩圖」也。──段成式《酉陽雜俎》

1. 根據這段文字，下列關於葛清的敘述，何者正確？【會109-16】

(A) 刺青內容取自白詩※

(B) 獲贈白舍人行詩圖

(C) 主動展示身上的圖文

(D) 詩句圖文皆刺在背部

有道士講經茅山，聽者數百人。有自外入者，大罵曰：「道士奴！天正熱，聚眾造妖何為？」道士起謝曰：「居山養徒，資用乏，不得不爾。」罵者怒少解，曰：「須錢不難，何至作此！」乃取釜灶杵臼之類，得百餘斤，以少藥鍛之，皆為銀，乃去。後數年，道士復見此人從一老道士，鬚髮如雪，騎白驢，此人腰插一驢鞭從其後。道士遙望叩頭，欲從之。此人指老道士，且搖手作驚畏狀，去如飛，少頃即不見。──改寫自蘇軾《東坡志林》

2. 根據這則故事，下列關於「自外入者」的敘述，何者正確？
   【會109-33】
   (A) 責罵道士搶走自己的信徒
   (B) 聽完道士說明後更加生氣
   (C) 被道士收買，為道士斂財
   (D) 擁有特殊藥物，鍛物成銀※

陸公嘗於市遇一佳硯，議價未定。既還邸，使門人往，以一金易歸。門人持硯歸，公訝其不類。門人堅證其是。公曰：「向觀硯有鴝鵒眼，今何無之？」答曰：「吾嫌其微凸，路遇石工，令磨而平之。」公大惋惜。──改寫自馮夢龍《古今譚概》

3. 下列關於「故事中人物」的敘述，何者最恰當？【會111-08】
　(A) 門人買錯硯臺卻不知道
　(B) 陸公惋惜是因石工技藝不佳
　(C) 門人請人磨平硯眼是自作聰明※
　(D) 陸公對門人購硯的價格感到驚訝

　　燕泰山太守賈堅屯山荘，荀羨引兵擊之，堅所將才七百餘人，羨兵十倍於堅。堅將出戰，諸將皆曰：「眾少，不如固守。」堅曰：「固守亦不能免，不如戰也。」遂出戰，身先士卒，殺羨兵千餘人，復還入城。羨進攻之，堅歎曰：「吾自結髮，志立功名，而每值窮阨，豈非命乎！與其屈辱而生，不若守節而死。」乃謂將士曰：「今危困，計無所設，卿等可去，吾將止死。」將士皆泣曰：「府君不出，眾亦俱死耳。」堅曰：「今當為卿曹決鬥，若勢不能支，卿等可去，勿復顧我也！」乃開門直出。羨兵四集，堅立馬橋上，左右射之，皆應弦而倒。羨兵眾多，從塹下斫橋，堅人馬俱陷，生擒之，遂拔山荘。──改寫自《資治通鑑》

4. 根據本文，關於賈堅與荀羨攻守的過程，下列敘述何者正確？【會104-48】
　(A) 賈堅堅持為城守節，力勸眾將死守勿降
　(B) 荀羨設法破壞橋梁，致使賈堅人馬墜落被擒※
　(C) 賈堅伴攻使諸將趁隙出城求援，自己固守城池以待
　(D) 荀羨引兵攻擊，山荘將士畏怯，唯賈堅孤身出城迎戰

【甲】

柳開少好任氣，大言凌物。應舉時，以文章投於主考簾前，凡千軸，載以獨輪車。引試日，自擁車入，欲以此駭眾取名。其時張景能文有名，唯袖一書簾前獻之。主考大稱賞，擢景優等。時人為之語曰：「柳開千軸，不如張景一書。」

──改寫自沈括《夢溪筆談》

【乙】

張景，字晦之，江陵公安人。幼能長言，嗜學尤力。貧不治產，往從柳開。開以文自名，而薦寵士類，一見歡甚，悉出家書予之，由是屬辭益有法度。開每曰：「今朝中之士，誰踰晦之者！」即厚饋，使如京師。後中進士。──改寫自宋祁〈故大理評事張公墓誌銘〉

【丙】相關人物簡表

姓名	西元生卒年	中舉年分
柳開	948～1001	973
張景	970～1018	1000
宋祁	998～1061	1024
沈括	1031～1095	1063

5. 關於甲、乙兩文的內容，下列說明何者最不恰當？【會110-47】

(A) 甲文比較柳開、張景才華的高下

(B) 乙文敘述張景投靠柳開後的際遇

(C) 兩文皆凸顯柳開自大的形象※

(D) 兩文皆肯定張景不凡的文才

唐宣宗時，相國令狐綯以故事訪於溫岐，對以「其事出《南華》。」且曰：「非僻書也。或冀相公燮理之暇，時宜覽古。」綯怒。──改寫自孫光憲《北夢瑣言》

6. 根據這段文字，下列敘述何者正確？【會106-23】
   (A) 令狐綯向溫岐求問無解，故勃然大怒
   (B) 令狐綯因施政遇到困難，找溫岐商量
   (C) 溫岐回答問題後，勸令狐綯要多讀書※
   (D) 溫岐以《南華》中的故事指正令狐綯

> 說明：此題之題幹雖沒有說明提問主題，但選項明顯聚焦在兩人，如將題幹修改為：「根據這段文字，關於令狐綯與溫岐的說明，下列敘述何者正確？」也可算是同類試題。

晉中行寅將亡，召其太祝簡欲加罪。曰：「子為我祝，齋戒不敬，使吾國亡。」太祝簡對曰：「今舟車飾，賦斂厚，民怨謗詛多矣。苟以為祝有益於國，則詛亦將為損。一人祝之，一國詛之，一祝不勝萬詛，國亡不亦宜乎，祝其何罪？」──改寫自《新序·雜事一》

7. 文中太祝簡所言的主要涵義應為下列何者？【基101-31】
   (A) 表達國之存亡繫於施政，非關祝者※
   (B) 辯解祝者力寡，禱詞難以上達天聽
   (C) 批評主政者只重視享受，疏於齋敬
   (D) 說明亡國乃因上位者迷信怪力亂神

說明：此題之題幹以太祝簡所言涵義為提問對象，由於太祝簡主要在回應太祝害晉亡國的責難，如將題幹修改為：「根據這段文字，關於太祝簡對害晉亡國的回應，下列敘述何者正確？」也可算是同類試題。

（丙）下列推論，何者合理

【甲】

柳開少好任氣，大言凌物。應舉時，以文章投於主考簾前，凡千軸，載以獨輪車。引試日，自擁車入，欲以此駭眾取名。其時張景能文有名，唯袖一書簾前獻之。主考大稱賞，擢景優等。時人為之語曰：「柳開千軸，不如張景一書。」——改寫自沈括《夢溪筆談》

【乙】

張景，字晦之，江陵公安人。幼能長言，嗜學尤力。貧不治產，往從柳開。開以文自名，而薦寵士類，一見歡甚，悉出家書予之，由是屬辭益有法度。開每曰：「今朝中之士，誰踰晦之者！」即厚饋，使如京師。後中進士。——改寫自宋祁〈故大理評事張公墓誌銘〉

【丙】相關人物簡表

姓名	西元生卒年	中舉年分
柳開	948～1001	973
張景	970～1018	1000
宋祁	998～1061	1024
沈括	1031～1095	1063

1. 根據內表所列舉的年分，對照甲、乙兩文內容，下列推論何者最合理？【會110-48】
   (A) 柳開中舉前已受張景愛戴
   (B) 宋祁跟柳開兩人頗有交情
   (C) 甲文的寫作時間早於乙文
   (D) 乙文所述內容較甲文可信※

   說明：此題之選項設計較符合根據線索推論的原則。

   【甲】

   司馬昭專權，帝欲殺之，反為賈充、成濟所害。昭入殿中，召群臣會議。尚書左僕射陳泰不至，昭使其舅尚書荀顗召之，泰曰：「世之論者以泰方於舅，今舅不如泰也。」子弟內外咸共逼之，乃入，見昭，悲慟，昭亦對之泣曰：「卿何以處我？」泰曰：「獨有斬賈充，少可以謝天下耳。」昭久之曰：「卿更思其次。」泰曰：「惟有進於此，不知其次。」昭乃不復更言。——改寫自《資治通鑑·魏紀九》

2. 關於甲篇中的人物，下列推論何者最恰當？【會108-47】
   (A) 賈充是司馬昭陣營的人馬※
   (B) 陳泰為了救荀顗而見司馬昭
   (C) 司馬昭與陳泰因權臣橫行而對泣
   (D) 眾人認為陳泰應比荀顗早一步進宮

   說明：此題之選項設計尚未符合根據線索推論的原則，與內容細節較接近。

乙　題材類別

（甲）人／物經歷

朱梁時，青州有賈客泛海遇風，飄至一處，遠望有山川城郭。海師曰：「往昔遭風，未嘗至此。吾聞鬼國在是，莫非此耶？」頃之，舟至岸，因登岸，向城而去。其廬舍田畝，不殊中國。見人皆揖之，而人皆不見己。至城，有守門者，揖之，亦不應。入城，屋室人物甚殷，遂至王宮。正值大宴，群臣侍宴者數十，其器用絲竹陳設之類，多類中國。客因升殿，俯逼王座以窺之。俄而王有疾，左右扶還，亟召巫者視之。巫至，曰：「有陽地人至此，陽氣逼人，故王病。其人偶來爾，無心為祟，以飲食車馬謝遣之，可矣。」即具酒食，設座於別室，巫及其群臣皆來祀祝，客據案而食。俄有僕夫馭馬而至，客亦乘馬而歸，至岸登舟，國人竟不見己，復遇便風得歸。時賀德儉為青州節度，與魏博節度楊師厚有親，因遣此客使魏，其為師厚言之。魏人范宣古親聞其事，為余言。——改寫自《太平廣記·青州客》

1. 根據故事內容，下列敘述何者正確？【會107-45】
   (A) 青州客登岸所見的房舍田畝，皆與中國不同
   (B) 國王生病的原因是青州客接近王座窺探※
   (C) 巫師建議大肆祝祀並齋戒沐浴以接待青州客
   (D) 青州客遠離時，王國中的人皆避而不見

東越閩中，有庸嶺，高數十里，其西北隰地有大蛇，長七八丈，大十餘圍，土俗常懼。東冶都尉及屬城長吏，多有死者。祭以牛羊，故不得福，或與人夢，或下諭巫祝，欲得啖童女年十二三者。都尉、令、長，並共患之，然氣屬不息，乃請求人家婢子，或有罪家女養之，至八月朝，祭送蛇穴口，蛇出吞嚙之。累年如此，已用九女。

爾時預復募索，未得其女，將樂縣李誕，家有六女，無男。其小女名寄，應募欲行。父母不聽。寄曰：「父母無德，惟生六女，無有一男，雖有如無。女無緹縈濟父母之功，既不能供養，徒費衣食，生無所益，不如早死。賣寄之身，可得少錢，以供父母，豈不善耶？」父母慈憐，終不聽去。寄自潛行，不可禁止。

寄乃告請好劍及咋蛇犬。至八月朝，便詣廟中坐，懷劍，攜犬。先將數石糯餅，用蜜漿灌之，以置穴口。蛇便出。頭大如穀倉，目如二尺鏡，聞餅香氣，先啖食之。寄便放犬，犬就嚙咋，寄從後斫得數創。創痛急，蛇因躍出，至庭而死。寄入視穴，得其九女骷髏，悉舉出，吒言曰：「汝輩怯弱，為蛇所食，甚可哀憐！」於是寄緩步而歸。

越王聞之，聘寄為后，拜其父為將樂令，母及姊皆有賞賜。自是東冶無復妖邪之物。——改寫自干寶《搜神記·李寄》

2. 根據這篇小說的內容，下列敘述何者正確？【基102-47】

　(A) 最先被地方官員送入蛇口的，皆為罪有應得之人

　(B) 李寄應募之時，已抱定死裡求生、為民除害之心※

　(C) 大蛇長年為患，東冶已無牛羊可供祭祀，遂以童女代之

　(D) 李寄以「徒費衣食，生無所益」，成功說服父母允其應募祭蛇

高宗嘗宴大臣，見張循王持扇，有玉孩兒扇墜，上識是舊物，昔往四明，誤墜於水，屢尋不獲，乃詢於張循王，對曰：「臣從清河坊鋪家買得。」召問鋪家，云：「得於提籃人。」復遣問，回奏云：「於候潮門外陳宅廚娘處買得。」又遣問廚娘，云：「破黃花魚腹中得之。」奏聞，上大悅，以為失物復還之兆。鋪家及提籃人補校尉，廚娘封孺人，張循王賞賜甚厚。——改寫自田汝成《西湖遊覽志餘》

3. 根據本文的內容，下列敘述何者正確？【會105-45】

　(A) 張循王尋回皇上舊物，特意奉還

　(B) 高宗遣鋪家尋找失物，屢尋不獲

　(C) 廚娘之語，可佐證扇墜曾落水中※

　(D) 廚娘得到扇墜，售予清河坊鋪家

王次仲者，以為世之篆文，工多而用寡，難以速就。四海多事，筆札為先，乃變篆籀之體為隸書。秦始皇以次仲所易文簡，其功利於人而召之，三徵入秦，不至。次仲履真懷道，窮數術之美。始皇怒其不恭，令檻車送之。次仲化為大鳥，翻飛出車外，落二翮於峰巒，故有大翮、小翮之名矣。——改寫自《仙傳拾遺》、《水經注》

4. 根據本文內容，下列敘述何者正確？【會105-48】

(A) 次仲因擅自改革文字觸怒始皇，而遭逮捕

(B) 始皇過於急功好利，故次仲出走轉而修道

(C) 次仲將篆籀之體改為隸書，方便世人使用※

(D) 仙鳥中始皇之箭，落羽成大翮、小翮二山

（乙）人物言行

胡旦晚年病目，閉門閒居。一日，史館共議作一貴侯傳，其人少賤，嘗屠豕豬。史官以為諱之即非實錄，書之即難為辭。相與見旦，旦曰：「何不曰『某少嘗操刀以割』，示有宰天下之志。」莫不嘆服。——改寫自《澠水燕談錄》

1. 根據這則故事，下列關於胡旦的敘述何者最恰當？【會110-30】

(A) 年少時曾操刀殺豬

(B) 史官共議為其立傳

(C) 史官因不知如何記實而登門求教※

(D) 眾人因其有宰割天下之志而嘆服

淳于恭，字孟孫，北海人。人有盜刈恭禾者，恭見之，念其愧，因伏草中，至去乃起。——改寫自《東觀漢記》

2. 根據這則故事，下列敘述何者最恰當？【會110-28】
   (A) 當時五穀歉收，盜賊四處搶糧
   (B) 淳于恭個性溫厚寬容，能體恤他人※
   (C) 北海地區盜賊兇悍，人民不敢與之對抗
   (D) 淳于恭伏於草中，乃因心中有愧，不欲見人

隋煬帝善屬文，而不欲人出其右，司隸薛道衡由是得罪。後因事誅之，曰：「更能作『空梁落燕泥』否？」——《隋唐嘉話》

3. 根據這段文字，可以推知下列何者？【會107-33】
   (A) 煬帝命薛道衡作詩，薛因抗命而被殺
   (B) 薛道衡死後，煬帝感嘆再也無人能出其右
   (C) 薛道衡因事被誅，臨刑以「空梁」一詩明志
   (D) 煬帝嫉妒薛道衡能有「空梁落燕泥」這等佳句※

大鐵椎，不知何許人。北平陳子燦省兄河南，與遇宋將軍家。宋，懷慶青華鎮人，工技擊，七省好事者皆來學。人以其雄健，呼「宋將軍」云。——《魏叔子文集》

4. 根據這段文字，可明確得知下列何者？【會109-30】
   (A) 大鐵椎是陳子燦的遠房兄長
   (B) 陳子燦與大鐵椎在宋府相遇※
   (C) 宋將軍善使大鐵椎，故別名大鐵椎
   (D) 大鐵椎久慕陳子燦之能，從之學藝

有客謂子野曰：「人皆謂公張三中，即心中事、眼中淚、意中人也。」公曰：「何不目之為張三影？」客不曉，公曰：「雲破月來花弄影；嬌柔懶起，簾壓捲花影；柳徑無人，墜輕絮無影：此余平生所得意也」。──《古今詩話》

5. 根據這段文字，下列敘述何者<u>錯誤</u>？【會107-29】

　　(A)　子野詞作風格以婉約、柔美為主

　　(B)　寫作用字，子野有其特殊的喜好

　　(C)　子野自認平生佳作無多，僅此三則※

　　(D)　對世人的稱許，子野未必全盤同意

金陵城北有湖，名園勝境，掩映如畫。一日，諸臣待漏朝堂，語及林泉之事，坐間馮謐舉唐玄宗賜賀知章三百里鏡湖，曰：「予非敢望此，但賜後湖，亦暢予平生也。」吏部徐鉉怡聲而對曰：「主上尊賢待士，常恐不及，豈惜一後湖？所乏者知章爾。」馮大有慚色。──改寫自《南唐近事》

6. 根據本文，下列敘述何者正確？【會108-23】

　　(A)　徐鉉覺得馮謐之才不及賀知章※

　　(B)　徐鉉安慰馮謐他日終將獲得賞賜

　　(C)　徐鉉認為三百里鏡湖應賞賜給馮謐

　　(D)　徐鉉暗示馮謐應知所進退、歸隱山林

貞觀中，突厥人史行昌值守玄武門，食而捨肉，人問其故，曰：「歸以奉母。」太宗聞而嘆曰：「仁、孝之性，豈隔華夷？」賜馬一匹，詔令供其母肉食。──改寫自吳兢《貞觀政要》

7. 根據這段文字，下列敘述何者正確？【基10001-26】

(A) 太宗讚許史行昌的孝行，詔令歸家奉母

(B) 史行昌到中原任職後，方知仁、孝之義

(C) 突厥人不重視人倫孝道，太宗深為惋嘆

(D) 仁、孝乃人之本性，不因種族而有不同※

吳興僧皎然，工律詩。嘗謁韋蘇州，恐詩體不合，乃於舟中抒思，作古體十數篇為贄。韋公全不稱賞，皎然極失望。明日寫其舊製獻之，韋公吟誦，大加歎詠。因語皎然云：「師幾失聲名。何不但以所工見投，而猥希老夫之意。人各有所得，非猝能致。」皎然大服其鑒別之精。──改寫自《因話錄》

8. 根據這段文字，關於皎然與韋蘇州的敘述，下列何者正確？【會104-30】

(A) 韋蘇州覺得皎然名不符實

(B) 皎然臆測韋蘇州偏好古體※

(C) 韋蘇州與皎然談論如何鑑賞詩作

(D) 皎然依從韋蘇州修改舊作，終獲讚賞

　　周穆王大征西戎，西戎獻錕鋙之劍，火浣之布。其劍長尺有咫，練鋼赤刃；用之切玉如切泥焉。火浣之布，浣之必投於火，布則火色，垢則布色；出火而振之，皓然疑乎雪。

　　皇子以為無此物，傳之者妄。蕭叔曰：「皇子果於自信，果於誣理哉！」——《列子·湯問》

9. 根據本文敘述，<u>無法</u>得知下列何者？【基10002-48】

　　(A) 周穆王出征威懾西戎

　　(B) 錕鋙劍劍刃是紅色的

　　(C) 皇子曾經遣人尋覓寶物※

　　(D) 蕭叔認為皇子過於武斷

10.根據本文，下列關於火浣之布的敘述何者正確？【基10002-47】

　　(A) 初洗淨時布色極為潔白※

　　(B) 以雪冷卻之後才能使用

　　(C) 投入火中，無垢處呈現原色

　　(D) 用熱水沖洗，才能滌淨髒汙

　　貞觀初，太宗謂蕭瑀曰：「朕少好弓矢，自謂能盡其妙。近得良弓十數，以示弓工，乃曰：『皆非良材也。』朕問其故，工曰：『木心不正，則脈理皆邪；弓雖剛勁，而遣箭不直，非良弓也。』朕始悟焉。朕以弧矢定四方，用弓多矣，而猶不得其理。況朕有天下之日淺，得為理之意固未及於弓，弓猶失之，而況於天下乎？」

自是詔京官五品以上,更宿內省。每召見,皆賜坐與語,詢訪外事,務知百姓利害、政教得失焉。 ──改寫自吳兢《貞觀政要》

11.根據太宗對蕭瑀所言,下列敘述何者正確?【會103-45】

(A) 太宗在年少時即能體悟弓矢的妙理

(B) 太宗悟得弓矢之理,故能平定天下

(C) 太宗稱許的良弓並未得到弓工的認同※

(D) 太宗嫻熟治國之道,更勝於運用弓矢

昔人未見麟,問嘗見者:「麟何類乎?」

見者曰:「麟如麟也。」

問者曰:「若吾嘗見麟,則不問子矣。而云麟如麟,寧可解哉?」

見者曰:「麟者,麋身牛尾,鹿蹄馬背。」

問者豁然而解。 ──改寫自《牟子》

12.根據這則故事,下列敘述何者最恰當?【會110-08】

(A) 問者蓄意為難,明知故問

(B) 見者實未曾見麟,信口開河

(C) 問者終不得其解,寧可自尋答案

(D) 見者最後以具體事物為喻,輔助說明※

（丙）故事結果原因

此類試題，依選項設計，可修改題幹並歸為推斷故事結果原因。

> 子胥出逃，邊候得之。子胥曰：「上索我者，以我有美珠也。今我已亡之矣，我將謂子取而吞之。」候因釋之。——改寫自《韓非子》

1. 根據這段文字，下列敘述何者正確？【會107-32】
   (A) 子胥用言語威脅邊候以求自保※
   (B) 子胥以美珠賄賂邊候換取自由
   (C) 邊候侵吞子胥的美珠又誣陷他
   (D) 邊候相信子胥的清白而釋放他

> 說明：依選項設計，可修改題幹為：「子胥成功逃離邊境的原因，何者最可能？」並歸為推斷故事結果原因試題。

> 錢塘江石堤為洪濤所激，歲歲摧決。杜偉長為轉運使，人有獻說，自浙江稅場以東，移退數里為月堤，以避怒水。眾水工皆以為善，獨一老水工以為不然，密諭其黨：「移堤則歲無水患，吾等何所衣食？」眾人樂其利，乃從而和之。
>
> 偉長不悟其計，費以巨萬，而江堤之害仍歲有之。——改寫自沈括《夢溪筆談》

2. 根據這段文字，下列敘述何者最恰當？【會112-24】

    (A) 月堤耗時過久，使杜偉長浪費公帑

    (B) 水工們為保生計，阻礙了移堤工程※

    (C) 老水工深知修築月堤無益於防堵水患

    (D) 杜偉長堅持移堤，導致年年發生水患

> 說明：依選項設計，可修改題幹為：「杜偉長防治江堤之害失敗的原因，何者最可能？」並歸為推斷故事結果原因試題。

    秦王與中期爭論，不勝。秦王大怒，中期徐行而去。

    或為中期說秦王曰：「悍人也，中期！適遇明君故也。向者遇桀、紂，必殺之矣。」秦王因不罪。——《戰國策》

3. 根據這段文字，下列敘述何者正確？【會107-24】

    (A) 中期說服秦王不加罪於他

    (B) 秦王因中期與人爭論不勝而大怒

    (C) 中期徐行而去，表現其謙和的應對態度

    (D) 秦王不怪罪中期的原因是不願被比做桀、紂※

> 說明：依選項設計，可修改題幹為：「秦王不治罪中期的原因，何者最可能？」並歸為推斷故事結果原因試題。選項(D)隨題幹修改為：「秦王不願被比做桀、紂」。

五　分析寫作手法／方式

（一）題幹用語

　　此類試題的題幹以關於本文的寫作手法／方式，下列敘述何者正確為核心。試題多為分析作品的敘寫順序、題材組織、人事物的描寫技巧等，並辨析作者如何運用各種寫作手法／方式來呈顯主題、塑造人事物和推動情節。

（二）試題內容

　　高宗嘗宴大臣，見張循王持扇，有玉孩兒扇墜，上識是舊物，昔往四明，誤墜於水，屢尋不獲，乃詢於張循王，對曰：「臣從清河坊鋪家買得。」召問鋪家，云：「得於提籃人。」復遣問，回奏云：「於候潮門外陳宅廚娘處買得。」又遣問廚娘，云：「破黃花魚腹中得之。」奏聞，上大悅，以為失物復還之兆。鋪家及提籃人補校尉，廚娘封孺人，張循王賞賜甚厚。──改寫自田汝成《西湖遊覽志餘》

1. 關於本文的寫作方式，下列敘述何者正確？【會105-46】
    (A) 藉對話凸顯故事中所有人物的個性
    (B) 以諷喻手法，勸告世人當拾金不昧
    (C) 以抽絲剝繭的方式，層層鋪敘情節※
    (D) 文末未提故事結局，製造懸疑效果

　　東越閩中，有庸嶺，高數十里，其西北隰地有大蛇，長七八丈，大十餘圍，土俗常懼。東冶都尉及屬城長吏，多有死者。祭以牛羊，故不得福，或與人夢，或下諭巫祝，欲得啗童女年十二三者。都尉、令、長，並共患之，然氣屬不息，乃請求人家婢子，或有罪家女養之，至八月朝，祭送蛇穴口，蛇出吞嚙之。累年如此，已用九女。

　　爾時預復募索，未得其女，將樂縣李誕，家有六女，無男。其小女名寄，應募欲行。父母不聽。寄曰：「父母無德，惟生六女，無有一男，雖有如無。女無緹縈濟父母之功，既不能供養，徒費衣食，生無所益，不如早死。賣寄之身，可得少錢，以供父母，豈不善耶？」父母慈憐，終不聽去。寄自潛行，不可禁止。

　　寄乃告請好劍及咋蛇犬。至八月朝，便詣廟中坐，懷劍，攜犬。先將數石糍餅，用蜜漿灌之，以置穴口。蛇便出。頭大如穀倉，目如二尺鏡，聞餅香氣，先啗食之。寄便放犬，犬就嚙咋，寄從後斫得數創。創痛急，蛇因躍出，至庭而死。寄入視穴，得其九女骷髏，悉舉出，吒言曰：「汝輩怯弱，為蛇所食，甚可哀憐！」於是寄緩步而歸。

　　越王聞之，聘寄為后，拜其父為將樂令，母及姊皆有賞賜。自是東冶無復妖邪之物。——改寫自干寶《搜神記・李寄》

2. 關於這篇小說的寫作手法，下列敘述何者**錯誤**？【基102-48】

  (A) 藉送女祭蛇之事，揭露官吏裝神弄鬼、欺壓百姓的惡行 ※

  (B) 以巨大的外貌與食人的習性，凸顯大蛇令人驚懼的形象

  (C) 依時間先後描述李寄誘以蜜餅，繼之放犬，從而斫蛇的除害經過

  (D) 以都尉、令、長等成年男性的束手無策，襯托少女李寄的勇敢聰慧

第三節　試題評量的閱讀能力

　　閱讀是一段歷程，當中包含許多步驟，透過這些步驟循序漸進、同時，甚至交互使用，讓讀者可以理解文本的內涵。由於理解是一種認知歷程，因此本節首先梳理 Bloom 認知領域教育目標中認知歷程向度的主類別和次類別，再整理出以文言記敘短文為題材之試題，主要在評量語文閱讀的哪些認知能力。

壹　Bloom 認知領域教育目標與會考試題評量重點

　　Bloom（1956）將教育目標分為認知（cognitive）、情意（affective）、心理動作（psychomotor）三大領域。在認知領域中，主要包含六項主要類別：(1) 知識（Knowledge）、(2) 理解（Comprehension）、(3) 應用（Application）、(4) 分析（Analysis）、(5) 統整（Synthesis）、(6) 評鑑（Evaluation）。Bloom 指

出除了「知識」以外的五個類別,皆屬於心智能力與技巧,用以
揭示人們組織、識別材料以達到特定目標的心智歷程。

　　茲將理解、應用、分析、統整、評鑑等認知歷程向度的主類
別、次類別及其說明,簡要整理如表2-3-1所示:

表 2-3-1　Bloom 1956 年版認知歷程向度分類表

主類別	次類別	說明
理解	1.翻譯	換句話說,從某種語言或形式,轉換成另種語言或形式
	2.解釋	摘要,包含對材料的重新排序、組織或新觀點
	3.推論（外推）	從已知的資訊推求可能的延伸應用、結果、推斷
應用		應用抽象概念於具體情境中。例如:一般概念、程序規則或概括性的方法等
分析	1.要素分析	以溝通為例,為辨識溝通要素
	2.關係分析	以溝通為例,為分析溝通要素／成分間的關係與互動
	3.組織原理分析	以溝通為例,為分析使溝通成形的系統性結構,包含顯性、隱性結構
統整	1.特定溝通訴求	透過文字或口語傳達概念、感受或經驗給他人
	2.計畫或一整套實施步驟	學生能依任務目標,接受或自行擬訂計畫
	3.衍生一組抽象關係	分類或解釋個別資料或現象,或是根據基本假設或表徵,演繹出某些命題和關係

（續下頁）

主類別	次類別	說明
評鑑	1.依內在證據評判	根據內部邏輯的精確性、一致性,及其他內部標準來評判
	2.依外在規準評判	根據所選擇或記憶中的標準來評判

在2001年,Anderson 與 Krathwohl 等人(2001)修訂了 Bloom(1956)認知領域教育目標分類,將認知歷程分為記憶(Remember)、理解(Understand)、應用(Apply)、分析(Analyze)、評鑑(Evaluate)、創造(Create)等六項主類別,以下將主類別、次類別及其說明,簡要整理如表2-3-2所示:

表 2-3-2　Bloom 2001 年版認知歷程向度分類表

主類別	次類別	說明
記憶	1.辨識	能比較記憶中所學和當下資訊間的一致性
	2.回憶	根據提問,從記憶中抽取相關知識
理解	1.詮釋	用另一種表達方式呈現材料的涵義(例如:換句話說)
	2.舉例	找出特定例證來說明概念或原則
	3.分類	判斷例證歸屬於某個特定分類(例如:概念或原則)
	4.摘要	摘述材料中廣泛的主題或是主要重點/觀點
	5.推論	從現有資訊中,推得合理的結論,或找出某種模式
	6.比較	辨識出資訊間相同或相異的特徵

(續下頁)

主類別	次類別	說明
理解	7.解釋	建構或應用因果模式來解釋某些部分的改變如何產生影響
應用	1.執行	採取固定的幾個步驟,處理熟悉的任務(例如:教材),得出預設的結果
	2.實踐	能思考後採取恰當步驟,處理全新任務(例如:新文本),得出多種結果
分析	1.區辨	解構資訊,從中分辨出與整體結構相關、不相關,或是重要和不重要的元素
	2.組織	解構材料,說明要素間如何組織成一具有連貫性的整體
	3.歸因	解構資訊,透視作者隱含的觀點、偏見、價值、意圖
評鑑	1.檢查	檢核資料或程序內部的不一致或瑕疵處,確認實踐的有效性
	2.評論	檢核資料與外部標準間的不一致之處,並提出優劣評價
創造	1.創意產出	重新表述或界定問題,並提出多種符合特定標準的解決方案和假設
	2.規劃	發展一套計畫來解決問題,包括設定小目標,或將任務分割成幾個部分來完成
	3.製作	根據特定要求,執行解決問題的計畫,完成具原創、獨創性的產品

試比較 Bloom（1956）版以及由 Anderson 與 Krathwohl（2001）
修訂之新版，可歸納差異處有三：

（1）2001年新版中增加「記憶」、「創造」認知歷程。

（2）2001年新版更細膩地區分出「理解」在不同層面上的表
　　　現。

（3）2001年新版將1956年版本中的「統整」，融入「分析」和
　　　「創造」當中。

　　本書參考 Bloom（1956）版和 Anderson 與 Krathwohl（2001）
修訂新版的分類與內容，再比對上述試題評量重點的分類，發現
Anderson 與 Krathwohl（2001）修訂版中，有關詮釋、推論、區
辨、組織的定義可以用來說明會考試題評量重點的分類。試將它
們之間的關係以下表略加說明：

表 2-3-3　會考試題評量重點認知能力分類表 1

項目	詮釋	推論	區辨	組織
定義	用另一種表達方式呈現材料的涵義	從現有資訊中，推得合理的結論，或找出某種模式	解構資訊，從中分辨出與整體結構相關、不相關，或是重要和不重要的元素	解構材料，說明要素間如何組織成一具有連貫性的整體
評量重點分類	說明詞義 說明主詞 說明句義 說明句子特質	推斷寫作目的 推斷人物特質 推斷故事結果原因	整合內容細節	分析寫作手法／方式

詮釋為使用其他表達方式呈現材料涵義，其試題評量重點包含評量詞語理解（說明詞義、說明主詞），以及評量句子理解（說明句義、說明句子特質）。推論為從已知的資訊中，推斷出新資訊，例如：某結論或模式，在評量段落理解的試題中，推論的評量重點包含：推斷寫作目的、推斷人物特質、推斷故事結果原因三類。

　　區辨的定義是：解構資訊，從中分辨出與整體結構相關、不相關，或是重要和不重要元素的訊息。而內容細節可以視為資訊中的元素，但會考所評量的整合內容細節並非只在分辨重要和不重要而已，它還需要思考整合細節的說明是否正確，因此區辨和整合內容細節還是有些不同。所以本書沒有採用區辨而改以統整來取代，並參照會考試題特質將其定義略作修改。

　　組織則為解構材料，說明要素間如何組織成一具有連貫性的整體，而會考評量的重點在於對文本的敘寫順序、題材組織、人事物的描寫技巧進行細緻分析，從而理解這些要素如何塑造鮮明人物形象、推動整體情節發展。由於會考評量的重點主要在辨析作品的各種寫作手法／方式，及其作用和效果，因此，本書改以分析來取代組織，並參照會考試題特質將其定義略作修改。試以下表加以說明：

表 2-3-4　會考試題評量重點認知能力分類表 2

項目	詮釋	推論	統整	分析
定義	用另一種表達方式呈現材料的涵義	從現有資訊中，推得合理的結論，或找出某種模式	從現有資訊中，整合重要元素的細節	解構作品，辨析要素間如何組織成具有連貫性的整體
評量重點分類	說明詞義 說明主詞 說明句義 說明句子特質	推斷寫作目的 推斷人物特質 推斷故事結果原因	整合內容細節	分析寫作手法／方式

上表將區辨修改為統整，並將統整定義為「從現有資訊中，整合重要元素的細節」，以對應會考試題針對段落內容細節進行整合的評量重點；將組織修改為分析，並將分析定義為「解構作品，辨析要素間如何組織成具有連貫性的整體」，以對應會考試題針對作品各種寫作手法／方式進行整合與辨析的評量重點。

　　由上表可知，會考試題主要在評量學生詮釋、推論、統整、分析四種認知能力，且這四種認知能力皆有各自的評量重點。

貳　文言記敘短文評量的閱讀能力

　　根據表2-3-4，100-112年文言記敘短文試題分別評量了「詮釋」、「推論」、「統整」、「分析」四種認知能力。由於這四種認知能力可對應語文閱讀的認知能力表現，所以我們可稱它們為會考評量語文閱讀的四大能力，並簡稱為會考四種閱讀能力。以下將

針對這四種閱讀能力的會考試題，從試題類別與試題題數二個面向加以分析。

一　詮釋能力

　　評量詮釋能力的試題可分為評量詞語理解、評量句子理解二類。評量詞語理解的試題，藉由提問詞義與主語，評量學生詮釋詞義的能力。評量句子理解的試題，藉由提問句義與句子特質，評量學生詮釋句義的能力。下列試將100-112年度的詮釋能力試題，統計如下表：

表 2-3-5　詮釋能力各類別試題題數統計表

項目	10001	10002	101	102	103	104	105	106	107	108	109	110	111	112	總計
詞義						●						●		●	3
主語	●						●		●			●			4
句義										●			●		2
句子特質	●		●●	●									●		5

根據上表統計可知，評量詞義、主語、句義、句子特質的題數差距不大。而111-112年是108課綱實施後的會考新試題，二年度的試題皆以評量詞義、主語、句義、句子特質的試題為主。

二　推論能力

　　評量推論能力的試題可分為評量寫作目的、評量人物特質、評量故事結果原因三類。評量寫作目的試題，藉由提問寫作目的，評量學生的推論能力；評量人物特質的試題，藉由提問人物特質，評量學生的推論能力；評量故事結果原因的試題，藉由提問行為／結果原因，評量學生的推論能力。下列試將100-112年度的推論能力試題，統計如下表：

表 2-3-6　推論能力各類別試題題數統計表

項目	10001	10002	101	102	103	104	105	106	107	108	109	110	111	112	總計
目的		●	●		●●	●			●						6
特質	●	●			●	●●		●				●			7
原因		●		●	●		●			●	●		●	●	8

　　根據上表統計可知，評量推論寫作目的、人物特質、故事結果原因的試題題數接近。111-112年的會考試題則以評量推論故事結果原因為主，所以推論未來評量推論能力的試題，可能會以評量故事結果原因為主。

三 統整能力

評量統整能力的試題，就題材分有：人／物經歷、人物言行、說明故事結果原因三類，但以說明人／物經歷、說明人物言行為主。就題幹提問方式來分，則有：下列敘述何者正確、關於「」的敘述，何者正確、下列推論，何者正確三種。但就提問重點言，主要在評量學生統整文本內容細節的能力，故統整能力試題可以藉由提問內容細節來概括。下列試將100-112年度的統整能力試題，統計如下表：

表 2-3-7　統整能力試題題數統計表

項目	100	10002	101	102	103	104	105	106	107	108	109	110	111	112	總計
內容細節	●	●●	●	●	●	●	●	●●●	●●●●●	●	●●	●●●●●	●	●	30

根據上表統計可知，評量統整內容細節的試題歷年皆固定出現，所以推論未來評量統整能力的試題，仍會以評量統整內容細節為主。

四　分析能力

　　評量分析能力的試題，藉由提問寫作手法／方式，評量學生分析作品各種寫作手法和方法的能力。下列試將100-112年度的分析能力試題，統計如下表：

表 2-3-8　分析能力試題題數統計表

項目	100	10002	101	102	103	104	105	106	107	108	109	110	111	112	總計
寫作手法／方式				●			●								2

根據上表統計可知，評量分析寫作手法／方式的試題僅出現兩次，且105年以後皆未再出現。

　　綜合表2-3-5、2-3-6、2-3-7、2-3-8的統計，可知100-112年文言記敘短文的會考試題在評量不同閱讀能力的題數分配上，可以下表說明：

表 2-3-9　100-112年文言記敘短文會考試題閱讀能力題數統計表

項目	詮釋	推論	統整	分析
題數	14	21	30	2

根據上表統計，可知文言記敘短文的會考試題較重視評量學生推論、統整的閱讀能力。

第四節　小結

　　本章聚焦於研究100-112年以文言記敘短文為題材的會考試題評量重點、題幹用語及試題內容。透過這些分析，發現文言記敘短文試題的評量重點可分為：詞語理解、句子理解、段落理解三個主要項目。詞語理解包含說明詞義、說明主詞二個子項目；句子理解，包含說明句義、說明句子特質二個子項目；段落理解，包含推斷寫作目的、推斷人物特質、推斷故事結果原因、整合內容細節、分析寫作手法／方式五個子項目。

　　接著透過比對 Bloom 認知領域教育目標的分類，歸納出文言記敘短文試題主要評量詮釋、推論、統整、分析四種閱讀能力。所以進一步將詮釋能力，定義為評量詞義、句義、主詞、句子特質四個學習重點。推論能力定義為評量推論寫作目的、人物特質、故事結果原因三個學習重點，並提醒老師要多留意故事結果原因的推論。統整能力則重視評量統整內容細節這個學習重點。分析能力重視評量分析寫作手法／方式這個學習重點。且在詮釋、推論、統整、分析四種閱讀能力中，會考試題更強調評量學生推論、統整的閱讀能力，此也反映出會考更重視評量學生對文本內容作進一步推論和整合的能力。在第三、四章中，將根據四種閱讀能力，規劃系統性的閱讀操作步驟，希望學生在實作中，提升詮釋、推論、統整、分析的閱讀能力。

第三章
文言記敘短文閱讀策略
──詮釋、推論

　　閱讀策略是指有效提升閱讀能力的方法。由於閱讀能力是複雜的認知運作，所以有效的閱讀方法不是單一的閱讀技巧，而是一套系列性的操作步驟。透過這些簡單清楚的操作步驟，讓學生學會如何更有效率的閱讀文言文。這套操作步驟經由反覆練習與時間累積，能將文言文內化為大腦熟悉的語言模式，於是，文言文閱讀就會變得與白話文閱讀一樣的輕鬆自然。

　　本章聚焦探討詮釋和推論能力的閱讀策略，詮釋為文言文基礎閱讀理解的能力、推論則是當學生能進行基礎文意理解後，再進一步對文本內容思辨、推論的進階能力。

　　經過本章的學習，可學習到詮釋、推論、詮釋＋推論（故事結果原因）能力的閱讀策略操作步驟：

一　詮釋能力的閱讀策略操作步驟

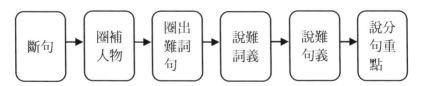

斷句 → 圈補人物 → 圈出難詞句 → 說難詞義 → 說難句義 → 說分句重點

二　推論能力的閱讀策略操作步驟

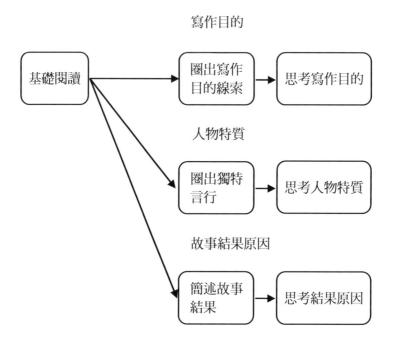

三　詮釋＋推論（故事結果原因）能力的閱讀策略操作步驟

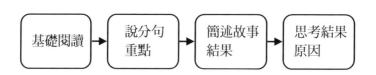

第一節　詮釋能力的閱讀策略

　　詮釋能力是文言文閱讀的基礎能力。學生閱讀文言文時，往往因為語言隔閡，對文言文充滿畏懼。所以教學文言文，最重要的任務是協助學生放下心中的恐懼。克服文言文恐懼最好的方法是讓學生多親近文言文。這就如同兩個陌生人要放下彼此的戒心，最重要的就是多接觸，多瞭解，用接觸與瞭解，逐漸化解彼此的隔閡。

　　詮釋能力想達成的閱讀目標是提升學生說明詞義、主語、句義的閱讀能力。所以我們針對這些目標，設計下列操作步驟，方便學生利用這些有效的閱讀策略，為自己的基礎閱讀能力紮根。

壹　提升詮釋能力的閱讀策略

　　下文將以操作步驟與方法、教學範例（含該範例會考及自編試題供教師參考）、學生自我評量三個項目，深入說明。希望教師教學時先模仿操作，再求舉一反三，最後達成創新應用的最高境界。

一　操作步驟與方法

1　斷句

　　方法：學生邊閱讀，邊切分句子。
　　目的：提升基礎閱讀能力。

提醒：文言記敘短文的內容多以人物為中心，說明某些人物的
　　　背景、經歷、言行、想法、條件、結局等。所以斷句時
　　　應以人為句子的開頭。人物不同就應該斷句。此外，如
　　　果人物說的話或行為文字很長，也應根據內容再加以斷
　　　句。不宜只依文本提供的句號、問號、驚嘆號來斷句。

　　斷句是閱讀理解的基礎，老師務必要加強此步驟的練習。學
生如能熟練此步驟，基本的文言閱讀能力就沒有太大問題。斷句
後建議學生可練習寫出簡短的重點。此重點以隨筆抒寫為原則不
必拘泥形式，本書斷句的簡短重點即以隨筆抒寫為形式。

2　圈補人物

方法：斷句後，學生圈出或補寫句子中有具體言行或提及背
　　　景、經歷的人物。

目的：提升理解主語的閱讀能力。

提醒：圈補人物應注意句首、省略的人物，或代名詞「之」、
　　　「此」所指稱的人物。

3　圈出難詞

方法：學生邊閱讀，邊圈出看不懂的難詞。

目的：提升理解詞義的閱讀能力。

提醒：學生的難詞各有不同，老師除瞭解學生的難詞，也可提
　　　醒學生圈出易忽略的難詞。

4　圈出難句

方法：學生邊閱讀，邊圈出看不懂的難句。

目的：提升理解句義的閱讀能力。

提醒：學生的難句各有不同，老師除瞭解學生的難句，也可提
　　　醒學生圈出易忽略的難句。

5　說難詞義

方法：學生反覆閱讀後，根據前後文義，討論說明難詞義。

目的：提升理解詞義的閱讀能力。

提醒：可利用詞性分析，協助學生理解難詞涵義。詞性以名
　　　詞、動詞、形容詞、副詞為主。

6　說難句義

方法：學生反覆閱讀後，根據前後文義，討論說明難句義。

目的：提升理解句義的閱讀能力。

提醒：可利用語法、句型、句子具體事物的抽象意涵，協助學
　　　生理解難句涵義。

7　說分句重點

方法：學生簡述分句的涵義。

目的：提升理解句義、句子特質的閱讀能力。

提醒：學生簡述分句重點，不宜直接翻譯，應練習換句話說，
　　　並體會人物言行的弦外之意。

二 教學範例

（一）司馬昭

　　司馬昭專權，帝欲殺之，反為賈充、成濟所害。昭入殿中，召群臣會議。尚書左僕射陳泰不至，昭使其舅尚書荀顗召之，泰曰：「世之論者以泰方於舅，今舅不如泰也。」子弟內外咸共逼之，乃入，見昭，悲慟，昭亦對之泣曰：「卿何以處我？」泰曰：「獨有斬賈充，少可以謝天下耳。」昭久之曰：「卿更思其次。」泰曰：「惟有進於此，不知其次。」昭乃不復更言。——改寫自《資治通鑑·魏紀九》

1 斷句

司馬昭專權，帝欲殺之，反為賈充、成濟所害。——司馬昭
　　背景

昭入殿中，召群臣會議。——司馬昭行為

尚書左僕射陳泰不至，——陳泰行為

昭使其舅尚書荀顗召之，——司馬昭行為

泰曰：「世之論者以泰方於舅，今舅不如泰也。」——陳泰
　　言語

子弟內外咸共逼之，乃入，——陳泰行為

見昭，悲慟，——陳泰行為

昭亦對之泣曰：「卿何以處我？」——司馬昭言語

泰曰：「獨有斬賈充，少可以謝天下耳。」——陳泰言語

昭久之曰：「卿更思其次。」——司馬昭言語

泰曰：「惟有進於此，不知其次。」——陳泰言語

昭乃不復更言。——司馬昭行為

2　圈補人物

司馬昭專權，帝欲殺之（司馬昭），反為賈充、成濟所害。

昭入殿中，召群臣會議。

尚書左僕射陳泰不至，

昭使其（陳泰）舅尚書荀顗召之（陳泰），

泰（對荀顗）曰：「世之論者以泰方於舅，今舅不如泰也。」

子弟內外咸共逼之（陳泰），（陳泰）乃入，

見昭，（陳泰）悲慟，

昭亦對之（陳泰）泣曰：「卿何以處我？」

泰曰：「獨有斬賈充，少可以謝天下耳。」

昭久之曰：「卿更思其次。」

泰曰：「惟有進於此，不知其次。」

昭乃不復更言。

※人物名稱統整

人名	他人稱呼	官銜	自稱
司馬昭			我
陳泰	卿	尚書左僕射	泰
荀顗	舅	尚書	

3　圈出難詞

司馬昭專權，帝欲殺之，反為賈充、成濟所害。

昭入殿中，召群臣會議。

尚書左僕射陳泰不至，

昭使其舅尚書荀顗召之，

泰曰：「世之論者以泰方於舅，今舅不如泰也。」

子弟內外咸共逼之，乃入，

見昭，悲慟，

昭亦對之泣曰：「卿何以處我？」

泰曰：「獨有斬賈充，少可以謝天下耳。」

昭久之曰：「卿更思其次。」

泰曰：「惟有進於此，不知其次。」

昭乃不復更言。

4　圈出難句

司馬昭專權，帝欲殺之，反為賈充、成濟所害。

昭入殿中，召群臣會議。

尚書左僕射陳泰不至，

昭使其舅尚書荀顗召之，

泰曰：「世之論者以泰方於舅，今舅不如泰也。」

子弟內外咸共逼之，乃入，

見昭，悲慟，

昭亦對之泣曰：「卿何以處我？」

泰曰：「獨有斬賈充，少可以謝天下耳。」

昭久之曰：「卿更思其次。」

泰曰：「惟有進於此，不知其次。」

昭乃不復更言。

5　說難詞義

分辨文句中詞語的詞性，有助於學生判斷詞語正確的意義。一般來說，可先根據詞語在句子中的位置，來分辨其詞性，例如：名詞、動詞、形容詞、副詞等，最後得出正確的詞義。而詞性排列一般為形容詞＋名詞、副詞＋動詞。

文言字詞	詞性	詞義
使其舅尚書荀顗「召」之	動詞	勸請
泰「方」於舅	形容詞	正直
卿何以「處」我	動詞	協助
「謝」天下	動詞	賠罪、謝罪
「更」思其次	副詞	再
進於「此」	代名詞	此事＝斬賈充

6　說難句義

1. 泰曰：「世之論者以泰方於舅，今舅不如泰也。」＝陳泰對荀顗說：「世人都說您、我同樣正直，今天的表現您不如我。」
2. 卿更思其次。＝您再想想其他辦法。
3. 惟有進於此，不知其次。＝這已經是最輕的方法了。
4. 不復更言。＝不再說話。

7　說分句重點

司馬昭專權，帝欲殺之，反為賈充、成濟所害。——皇帝被
　　司馬昭人馬殺害

昭入殿中，召群臣會議。——司馬昭請大臣開會

尚書左僕射陳泰不至，——陳泰不參加

昭使其舅尚書荀顗召之，——司馬昭命荀顗召陳泰

泰曰：「世之論者以泰方於舅，今舅不如泰也。」——陳泰
　　說：舅舅這樣做不正直

子弟內外咸共逼之，乃入，——陳泰被家人逼入宮開會

見昭，悲慟，——陳泰哭（皇帝死了）

昭亦對之泣曰：「卿何以處我？」——司馬昭哭：你趕緊救
　　我

泰曰：「獨有斬賈充，少可以謝天下耳。」——陳泰建議斬
　　賈充

昭久之曰：「卿更思其次。」——司馬昭請他再想其他辦法
　　（不願意殺賈充）

泰曰：「惟有進於此，不知其次。」——陳泰認為這是最輕
　　的處罰（其他辦法就只能殺你了）

昭乃不復更言。——司馬昭不敢再說話（自知理虧）

會考及自編試題參考

【甲】

司馬昭專權，帝欲殺之，反為賈充、成濟所害。昭入殿中，召群臣會議。尚書左僕射陳泰不至，昭使其舅尚書荀顗召之，泰曰：「世之論者以泰方於舅，今舅不如泰也。」子弟內外咸共逼之，乃入，見昭，悲慟，昭亦對之泣曰：「卿何以處我？」泰曰：「獨有斬賈充，少可以謝天下耳。」昭久之曰：「卿更思其次。」泰曰：「惟有進於此，不知其次。」昭乃不復更言。——改寫自《資治通鑑・魏紀九》

【乙】

帝崩，內外喧譁。司馬昭問陳泰曰：「何以靜之？」泰云：「唯殺賈充以謝天下。」昭曰：「可復下此否？」對曰：「但見其上，未見其下。」——改寫自《世說新語・方正》

1. 下列文句「　」中字的意義說明，何者最恰當？【自編試題】
   (A) 卿何以「處」我：幫助※
   (B) 以泰「方」於舅：剛好
   (C) 可以「謝」天下：答謝
   (D) 惟有「進」於此：出仕

2. 下列行為的主語，何者說明正確？【自編試題】
   (A) 為司馬昭弒殺魏帝——陳泰
   (B) 問陳泰如何解難——司馬昭※
   (C) 見司馬昭時悲痛哭泣——荀顗
   (D) 受託召陳泰進宮議事——賈充

3. 根據甲篇內容，可推測乙篇陳泰所言「但見其上，未見其下」的涵義最可能是下列何者？【會108-48】
　(A) 指出賈充屢獲晉升卻未曾被貶官
　(B) 認為殺賈充是最起碼的處置方式※
　(C) 批評司馬昭遇事時未能顧及下屬
　(D) 諷刺司馬昭只知媚上卻無法服眾

（二）佟鳳彩

　　佟中丞鳳彩巡撫河南，年已老，每日五鼓，燃燭治文書，或坐倦假寐，少頃，輒瞿然起，自呼其名曰：「佟某，汝為朝廷大臣，封疆之重，皆汝肩之，奈何不任事若此！」輒以手批頰數四。侍者為之悚慄。

　　中丞在豫，恩澤普及，豫人感其德，猶繪像祀之。——改寫自葛虛存《清代名人軼事》

1　斷句

　　佟中丞鳳彩巡撫河南，——佟鳳彩背景
　　年已老，每日五鼓，燃燭治文書，——佟鳳彩行為
　　或坐倦假寐，少頃，輒瞿然起，——佟鳳彩行為
　　自呼其名曰：「佟某，汝為朝廷大臣，封疆之重，皆汝肩
　　　　之，奈何不任事若此！」——佟鳳彩言語
　　輒以手批頰數四。——佟鳳彩行為
　　侍者為之悚慄。——侍者行為
　　中丞在豫，恩澤普及，——佟鳳彩行為
　　豫人感其德，猶繪像祀之。——豫人行為

2　圈補人物

佟中丞鳳彩巡撫河南，

（佟鳳彩）年已老，每日五鼓，燃燭治文書，

（佟鳳彩）或坐倦假寐，少頃，輒矍然起，

（佟鳳彩）自呼其名曰：「佟某，汝為朝廷大臣，封疆之
　　　重，皆汝肩之，奈何不任事若此！」輒以手批頰數四。

侍者為之悚慄。

中丞在豫，恩澤普及，

豫人感其（佟鳳彩）德，猶繪像祀之（佟鳳彩）。

3　圈出難詞

佟中丞鳳彩巡撫河南，

年已老，每日五鼓，燃燭治文書，

或坐倦假寐，少頃，輒矍然起，

自呼其名曰：「佟某，汝為朝廷大臣，封疆之重，皆汝肩
　　　之，奈何不任事若此！」

輒以手批頰數四。

侍者為之悚慄。

中丞在豫，恩澤普及，

豫人感其德，猶繪像祀之。

4　圈出難句

佟中丞鳳彩巡撫河南，

年已老，每日五鼓，燃燭治文書，

或坐倦假寐，少頃，輒矍然起，

自呼其名曰：「佟某，汝為朝廷大臣，封疆之重，皆汝肩
　　之，奈何不任事若此！」

輒以手批頰數四。

侍者為之悚慄。

中丞在豫，恩澤普及，

豫人感其德，猶繪像祀之。

5　說難詞義

文言文使用「之」作為代名詞，指涉的部分通常指前文出現
的人或事。如：

1. 封疆之重，皆汝肩之（此＝封疆之重）
2. 輒以手批頰數四。侍者為之（此＝以手批頰數四的行為）悚慄

文言字詞	詞性	詞義
佟中丞鳳彩「巡撫」河南	動詞	治理
燃「燭」治文書	名詞	蠟燭
皆汝「肩」之	動詞	承擔
輒以手「批」頰數四	動詞	拍打
侍者為「之」悚慄	代名詞	此＝以手批頰數四的行為
繪像祀「之」	代名詞	他＝佟鳳彩

6　說難句義

1. 或坐倦假寐，少頃，輒矍然起＝有時累了就閉目養神，但很
　 快又會睜眼驚起。

2. 汝為朝廷大臣，封疆之重，皆汝肩之，奈何不任事若此！＝
　你身為國家大臣，承擔巡撫重任，怎麼這樣不負責任！

7　說分句重點

佟中丞鳳彩巡撫河南，——佟鳳彩為河南巡撫

年已老，每日五鼓，燃燭治文書，——佟鳳彩五更起床辦公

或坐倦假寐，少頃，輒矍然起，——他偶而打瞌睡，但又會
　　立即驚醒

自呼其名曰：「佟某，汝為朝廷大臣，封疆之重，皆汝肩
　　之，奈何不任事若此！」——他罵自己：你承擔大事，
　　竟這樣不負責任

輒以手批頰數四。——他狠打自己臉頰

侍者為之悚慄。——侍者驚嚇

中丞在豫，恩澤普及，——佟鳳彩在河南行仁政

豫人感其德，猶繪像祀之。——百姓常感恩祭拜他

自編試題參考

1. 下列文句「　」中字詞意義的說明，何者最恰當？【自編試
　題】

(A) 皆汝「肩」之：承擔※

(B) 侍者「為」之悚慄：使

(C) 以手「批」頰數四：加註意見

(D) 鳳彩「巡撫」河南：領兵出征

2. 下列文句所省略的主語，何者<u>不是</u>佟鳳彩？【自編試題】

(A) 自呼其名

(B) 或坐倦假寐

(C) 猶繪像祀之※

(D) 輒以手批頰數四

3. 下列文句的解說，何者最恰當？【自編試題】

(A) 燃燭治文書：點燃蠟燭處理公務※

(B) 輒矍然起：總精神振奮地手舞足蹈

(C) 奈何不任事若此：侍者為何這般無法勝任工作

(D) 中丞在豫，恩澤普及：中丞閒暇時常偕百姓遊樂

三　學生自我評量

　　學生熟悉提升詮釋能力的閱讀策略後，必須落實於實際的閱讀活動，並能迅速回應閱讀詮釋能力的相關提問。所以我們安排下列會考及自編試題，方便學生自我監控是否能有效將詮釋能力的閱讀策略，靈活運用於詮釋能力的閱讀評量。

（一）詞義

　　少室周為趙簡子之右，聞牛談有力，請與之競，弗勝，致右焉。簡子許之，使少室周為宰，曰：「知賢而讓，可以為訓矣。」——改寫自《國語·晉語》

1. 根據文意脈絡，下列何者最適合用來說明「訓」字的意義？
【會112-12】
(A) 典範
(B) 順從
(C) 教誨
(D) 解釋

【甲】

柳開少好任氣，大言凌物。應舉時，以文章投於主考簾前，凡千軸，載以獨輪車。引試日，自擁車入，欲以此駭眾取名。其時張景能文有名，唯袖一書簾前獻之。主考大稱賞，擢景優等。時人為之語曰：「柳開千軸，不如張景一書。」——改寫自沈括《夢溪筆談》

【乙】

張景，字晦之，江陵公安人。幼能長言，嗜學尤力。貧不治產，往從柳開。開以文自名，而薦寵士類，一見歡甚，悉出家書予之，由是屬辭益有法度。開每曰：「今朝中之士，誰踰晦之者！」即厚饋，使如京師。後中進士。——改寫自宋祁〈故大理評事張公墓誌銘〉

2. 下列文句「」中字的意義說明，何者最恰當？【會110-46】
(A) 駭眾取「名」：姓名
(B) 嗜學「尤」力：尚且
(C) 「悉」出家書予之：明白
(D) 使「如」京師：前往

（二）主語

余少時，聞曹敞在吳章門下，往往好斥人過，或以為輕薄，世人皆以為然。章後為王莽所殺，人無有敢收葬者。弟子皆更易姓名，以從他師。敞時為司徒掾，獨稱吳門弟子，收葬其尸，方知亮直者不見容於冗輩中矣。——改寫自《西京雜記·曹敞收葬》

1. 下列文句所省略的主語，何者說明正確？【基10001-47】
   (A) 聞曹敞在吳章門下——曹敞
   (B) 往往好斥人過——曹敞
   (C) 獨稱吳門弟子——吳章
   (D) 方知亮直者不見容於冗輩中矣——吳章

朱梁時，青州有賈客泛海遇風，飄至一處，遠望有山川城郭。海師曰：「往昔遭風，未嘗至此。吾聞鬼國在是，莫非此耶？」頃之，舟至岸，因登岸，<u>向城而去</u>。其廬舍田畝，不殊中國。<u>見人皆揖之</u>，而人皆不見己。至城，有守門者，揖之，<u>亦不應</u>。入城，屋室人物甚殷，遂至王宮。正值大宴，群臣侍宴者數十，其器用絲竹陳設之類，多類中國。客因升殿，俯逼王座以窺之。俄而王有疾，左右扶還，亟召巫者視之。<u>巫至</u>，曰：「有陽地人至此，陽氣逼人，故王病。其人偶來爾，無心為祟，以飲食車馬謝遣之，可矣。」即具酒食，設座於別室，巫及其群臣皆來祀祝，客據案而食。俄有僕夫馭馬而至，客亦乘馬而歸，至岸登舟，國人竟不見己，<u>復遇便風得歸</u>。時賀德儉為青州節度，與魏博節度楊師

厚有親，因遣此客使魏，其為師厚言之。魏人范宣古親聞其事，為余言。——改寫自《太平廣記·青州客》

2. 故事中雙底線處所省略的主詞，何者<u>不是</u>青州客？【會107-44】

(A) 向城而去

(B) 見人皆揖之

(C) 亦不應

(D) 復遇便風得歸

（三）句義

大將軍仇鸞，始為曾銑所劾，欲倚嚴嵩以抗曾銑，故約為父子。已而鸞得帝重，嵩猶視之若子，遂浸相惡。嵩密疏毀鸞，帝不聽，而頗納鸞所陳嵩父子過，少疏之。嵩當入值，不召者數矣。嵩見徐階、李本入西內，即與俱入。至西華門，門者以非詔旨格之。嵩還第，父子對泣。時陸炳掌錦衣，與鸞爭寵，嵩乃結炳共圖鸞。會鸞病死，炳訐鸞陰事，帝追戮之。於是益信任嵩，遣所乘龍舟過海子召嵩，載值西內如故。——改寫自《明史·奸臣》

1. 下列文句的解說，何者最恰當？【會112-40】

(A) 門者以非詔旨格之：守門者將徐階、李本擋下

(B) 嵩還第，父子對泣：嚴嵩與仇鸞兩人盡釋前嫌

(C) 炳訐鸞陰事，帝追戮之：皇帝認為陸炳毀謗死者，憤而殺之

(D) 遣所乘龍舟過海子召嵩：皇帝以高規格召回嚴嵩，以示禮遇

　　貞觀初，太宗謂蕭瑀曰：「朕少好弓矢，自謂能盡其妙。近得良弓十數，以示弓工，乃曰：『皆非良材也。』朕問其故，工曰：『木心不正，則脈理皆邪；弓雖剛勁，而遣箭不直，非良弓也。』朕始悟焉。朕以弧矢定四方，用弓多矣，而猶不得其理。況朕有天下之日淺，得為理之意固未及於弓，弓猶失之，而況於天下乎？」

　　自是詔京官五品以上，更宿內省。每召見，皆賜坐與語，詢訪外事，務知百姓利害、政教得失焉。——改寫自吳兢《貞觀政要》

2. 下列文句的解說，何者最恰當？【自編試題】

(A) 弓雖剛勁，而遣箭不直：弓的材質剛硬，易使箭射出不直

(B) 況朕有天下之日淺，得為理之意固未及於弓：何況我剛得天下，對治國之道的認識本不及弓矢

(C) 弓猶失之，而況於天下乎：連弓都拿不穩了，更何況是以武力平定天下

(D) 詔京官五品以上，更宿內省：下令五品以上京官，更換住處後深自反省

參考答案：（一）詞義：1. A、2. D。（二）主語：1. B、2. C。（三）句義：1. D、2. B。

第二節　推論能力的閱讀策略

　　推論能力是文言文閱讀的進階能力。學生具備閱讀文言文的基礎理解後，需對記敘短文作進一步的推論。我們為提升學生閱讀文言記敘短文的推論能力，設計了一系列的操作步驟。這些操作步驟，是學生學習推論能力最重要的閱讀策略，它們能協助學生理解文言文後，對短文內容作進一步的思辨。由於它的步驟簡單清楚且易於操作，所以能協助學生在閱讀文言文時，還能鍛鍊心智，享受思辨的樂趣。

　　推論能力想達成的閱讀目標是提升學生推論作者寫作目的、人物特質、故事結果原因的閱讀能力。所以我們針對這些目標，設計下列操作步驟，方便學生利用這些有效的閱讀策略，為自己的進階閱讀能力紮根。

壹　提升推論能力──寫作目的閱讀策略

　　想協助學生提升推論作者寫作目的之閱讀能力，老師應選擇藉事說理型的短文，且此短文只提供線索，未具體說明作者想說的道理，否則容易和議論文的藉事說理混淆。我們根據推論作者寫作目的之閱讀目標，設計系列性的操作步驟，希望協助老師引導學生有效學習提升推論寫作目的能力之閱讀策略。

　　下文將以操作步驟與方法、教學範例（含該範例會考試題供教師參考）、學生自我評量三個項目，深入說明。方便教師先模仿操作，再求舉一反三，最後達成創新應用的最高境界。

一 操作步驟與方法

1 基礎閱讀

方法：學生自行練習斷句、圈補主語、圈說難詞句。

目的：提升基礎閱讀能力。

提醒：此部分可依學生程度自由調整應用。

2 圈出寫作目的線索

方法：學生圈出與作者寫作目的相關的線索。

目的：提升推論能力。

提醒：何者是相關線索，有些學生可能不易掌握，需多次練習
　　　較能上手。

3 思考寫作目的

方法：學生根據線索思考抽象的寫作目的。

目的：提升推論能力。

提醒：學生對寫作目的之說明可能各具特色，只要掌握重點，
　　　不宜要求文字敘述的相似。

二　教學範例

（一）鄭人

鄭人有愛惜魚者，計無從得魚，或汕，或網，或設餌鉤之，列三盆庭中，且實水焉。人曰：「魚以江為命，今處一勺之水，日玩弄之，而曰：『我愛魚，我愛魚』，魚不腐者，寡矣！」不聽，未三日，魚皆鱗敗以死。鄭人始悔不用或人之言。──改寫自宋濂《宋文憲公全集》

1　基礎閱讀

斷句

鄭人有愛惜魚者，計無從得魚，──鄭人背景

或汕，或網，或設餌鉤之，列三盆庭中，且實水焉。──鄭
　　人行為

人曰：「魚以江為命，今處一勺之水，──魚生活條件

日玩弄之，──鄭人行為

而曰：『我愛魚，我愛魚』，──鄭人言語

魚不腐者，寡矣！」──魚死條件

不聽，──鄭人行為

未三日，魚皆鱗敗以死。──魚的結局

鄭人始悔不用或人之言。──鄭人反省

圈補人物

[鄭人有愛惜魚者]，計無從得魚，
（鄭人）或汕，或網，或設餌鉤之，列三盆庭中，且實水焉。
[人]曰：「魚以江為命，今處一勺之水，
（您）日玩弄之，
（您）而曰：『[我]愛魚，[我]愛魚』，
[魚]不腐者，寡矣！」
（鄭人）不聽，
未三日，[魚]皆鱗敗以死。
[鄭人]始悔不用或人之言。

圈說難詞句

鄭人有愛惜魚者，計無從得魚，
或汕，或網，或設餌鉤之，列三盆庭中，且實水焉。
人曰：「魚以江為命，今處一勺之水，日玩弄之，而曰：『我
　　愛魚，我愛魚』，魚不腐者，寡矣！」
不聽，未三日，魚皆鱗敗以死。
鄭人始悔不用或人之言。

文言字詞	詞性	詞義
「計」無從得魚	動詞	考量
或「網」	動詞	用魚網捕魚
「實」水	動詞	裝滿
魚「不腐」者	副詞＋動詞	存活
鱗「敗」以死	動詞	脫落、損壞
設餌鉤「之」	代名詞	江魚
玩弄「之」	代名詞	盆中魚

1. 或汕，或網，或設餌鉤之，列三盆庭中，且實水焉＝鄭人有時用竹編的器具抓魚、有時用魚網捕魚、有時用魚餌釣魚，他在院子中擺了三個盆子裝滿水，用來養魚。

2. 鄭人始悔不用或人之言。＝鄭人才後悔不聽那人的話。

2　圈出寫作目的線索

鄭人始悔不用或人之言

＝或人之言＝不要讓魚生活在（狹小）空間，又經常（玩弄）牠們。

3　思考寫作目的

藉愛魚魚死的故事來說明：對待寵物應（順其天性），不宜（擾亂）它們的生活。

會考試題參考

1. 這則故事所說明的道理，與下列何者最接近？【會103-23】

   (A) 凡事適可而止，貪多無益

   (B) 取物宜依道義，不可強奪

   (C) 玩物容易喪志，宜加以節制

   (D) 待物順應自然，不妄加干預※

（二）某相國之孫

某相國之孫，乞米於人，歸途無力自負，覓一市傭代之，嗔其行遲，曰：「吾生相門，不能肩負，固也；汝傭也，胡為亦爾？」對曰：「吾亦某尚書孫也。」此事聞之於董蒼水。貴人子孫，不可不知。」——改寫自《池北偶談》

1 基礎閱讀

斷句

某相國之孫，乞米於人，歸途無力自負，覓一市傭代之，——
　　相國孫行為

嗔其行遲，——相國孫行為

曰：「吾生相門，不能肩負，固也；汝傭也，胡為亦
　　爾？」——相國孫言語

對曰：「吾亦某尚書孫也。」——市傭言語

此事聞之於董蒼水。——後記

貴人子孫，不可不知。——作者評論

圈補人物

某相國之孫，乞米於人，歸途無力自負（米），覓一市傭代之，
（某相國之孫）嗔其（傭）行遲，
（某相國之孫）曰：「吾生相門，不能肩負，固也；汝傭
　　也，胡為亦爾？」
（傭）對曰：「吾亦某尚書孫也。」
此事聞之於董蒼水。
貴人子孫，不可不知。

圈說難詞句

某相國之孫，乞米於人，歸途無力自負，覓一市傭代之，
嗔其行遲，
曰：「吾生相門，不能肩負，固也；汝傭也，胡為亦爾？」
對曰：「吾亦某尚書孫也。」
此事聞之於董蒼水。
貴人子孫，不可不知。

文言字詞	詞性	詞義
無力「自負」	副詞＋動詞	自己擔米
代「之」	代名詞	此事（擔米）
行「遲」	副詞	緩慢
「固」也	副詞	當然，本就如此

1. 吾生相門，不能肩負，固也；汝傭也，胡為亦爾＝我出身相
　　府，背不動重物理所當然；你是傭工，怎麼也無法負重呢？

2. 貴人子孫，不可不知＝豪門子弟需要知道（此事＝就算是相國／尚書之孫，自己不努力，最後也只會淪為幫傭）。

2　圈出寫作目的線索

貴人子孫，不可不知

＝貴人子弟應知道：不肯（努力），相國孫、尚書孫會成為（傭人）。

3　思考寫作目的

藉貴人子弟成傭人的故事說明：貴人子弟應（努力），以避免生活（貧困）。

會考試題參考

1. 這則故事所要告誡世人的道理，與下列何者最接近？【會103-17】
   (A) 能勤小物，故無大患
   (B) 家必自毀，而後人毀之
   (C) 祖蔭不可圖，唯己力可恃※
   (D) 但存方寸地，留與子孫耕

三　學生自我評量

學生熟悉提升推論寫作目的能力之閱讀策略後，必須落實於實際的閱讀活動，並能迅速回應推論寫作目的能力的相關提問。

所以我們安排下列試題，方便學生自我監控是否能有效將推論寫作目的能力之閱讀策略，靈活運用於推論能力的閱讀評量。

張生惡鼠，傾財求良貓。饜以腥膏，眠以氈罽。貓既飽且安，率不捕鼠，甚者與鼠遊戲，鼠以故益暴。張生怒，遂不復畜貓。——改寫自《耳食錄》

1. 這則故事的寓意最可能是下列何者？【基101-27】
   (A) 緊要關頭應當機立斷，快刀斬亂麻
   (B) 取暖莫靠別人的火，要自己動手砍柴
   (C) 掌握正確的做事方法，才能解決問題
   (D) 人們應把抱怨環境的心情，化為上進的力量

有農夫種茄不活，求計於農務司，司吏曰：「此不難，每茄根下埋一文即活。」問其何故，答曰：「有錢者生，無錢者死。」——改寫自《笑林廣記》

2. 這段文字主要在揭露世間哪一種醜態（諷刺）？【會104-11】
   (A) 貪官好賄，索求無度
   (B) 官商勾結，欺瞞大眾
   (C) 不務正道，盡信偏方
   (D) 鑽營旁門，好走捷徑

參考答案：1. C、2. A。

貳 提升推論能力——人物特質閱讀策略

　　想協助學生提升推論人物特質的閱讀能力，老師應選擇能表現人物特質的短文，且此短文只提供具體言行，未明說人物特質，否則無法提升推論的思考力。我們根據推論人物特質的閱讀目標，設計系列性的操作步驟。透過這些系列性的操作步驟，希望協助老師引導學生有效學習提升推論人物特質能力的閱讀策略。

　　下文將以操作步驟與方法、教學範例（含該範例會考試題供教師參考）、學生自我評量三個項目，深入說明。方便教師先模仿操作，再求舉一反三，最後達成創新應用的最高境界。

一　操作步驟與方法

1　基礎閱讀

　　方法：學生自行練習斷句、圈補主語、圈說難詞句。

　　目的：提升基礎閱讀能力。

　　提醒：此部分可依學生程度自由調整應用。

2　圈出獨特言行

　　方法：學生說明人物的獨特言行。

　　目的：提升推論能力。

　　提醒：人物獨特的言行可能包括人物語言、行為情境、行為動
　　　　　機、行為細節。

3　思考人物特質

方法：學生根據獨特言行，說明人物特質。

目的：提升推論能力。

提醒：人物特質是對獨特行為的抽象概括，每人的觀點及概括語言不盡相同，老師可以羅列學生觀點讓大家討論比較，選出最合適者，再用敘述與（ ），引導學生練習。

二　教學範例

（一）宋高宗

必備匙箸兩副，食前多品。擇取欲食者，以別箸取之，置一器中，食之必盡。飯前以別匙分而另置，始膳。吳后嘗問其故，曰：「不欲以殘食與宮人食也。」──改寫自《西湖遊覽志餘》

1　基礎閱讀

斷句

食前多品，必備匙箸兩副──高宗飲食背景

擇取欲食者，以別箸取之，置一器中，食之必盡。──高宗取菜行為

飯前以別匙分而另置，始膳。──高宗取飯行為

吳后嘗問其故，──吳后行為

曰：「不欲以殘食與宮人食也。」──高宗言語

圈補人物

食前多品，必備匙箸兩副，

（高宗）擇取欲食者，以別箸取之（欲食之物），置一器
　　中，食之（欲食之物）必盡。

飯前（高宗）以別匙分（飯）而另置，（高宗）始膳。

吳后 嘗問其故，

（高宗）曰：「不欲以殘食與宮人食也。」

圈說難詞句

食前多品，必備匙箸兩副，

擇取欲食者，以別箸取之，置一器中，食之必盡。

飯前以別匙分而另置，始膳。

吳后嘗問其故，

曰：「不欲以殘食與宮人食也。」

文言字詞	詞性	詞義
多「品」	名詞	種類
其「故」	名詞	原因
「與」宮人食	動詞	給予

飯前以別匙分而另置，始膳＝高宗吃飯前，先用公匙取出要
吃的分量，放在自己餐盤中，才開始用餐。

2　圈出獨特言行

不欲以殘食與宮人食也＝高宗用（公筷公匙）撿取菜飯（放
置餐盤）再吃，是不想讓宮人（吃自己吃剩的飯菜）。

3　思考人物特質

高宗不願讓宮人吃自己吃剩的飯菜＝高宗（體貼）下人。

會考試題參考

1. 這段文字記載宋高宗的用膳習慣，據此可看出他具備什麼樣的特質？【會110-32】
   (A) 用餐講究排場
   (B) 飲食注重養生
   (C) 對妻言聽計從
   (D) 待下體貼細心※

（二）晏子

景公之時饑，晏子請為民發粟，公不許。當為路寢之臺，晏子令吏重其賃，遠其兆，徐其日而不趨。三年臺成而民振，故上悅乎遊，民足乎食。——改寫自《晏子春秋》

1　基礎閱讀

斷句

景公之時，饑，——景公背景

晏子請為民發粟，——晏子行為

公不許。——景公行為

當為路寢之臺，——景公行為

晏子令吏重其賃，遠其兆，徐其日而不趨。——晏子行為

三年臺成而民振，故上悅乎遊，民足乎食。——結果

圈補人物

景公 之時，饑，

晏子 請（景公）為民發粟，

公 不許。

當（景公）為路寢之臺，

晏子 令 吏 重其賃，遠其兆，徐其日而不趨。

三年臺成而 民 振，故 上 悅乎遊， 民 足乎食。

圈說難詞句

景公之時，饑，

晏子請為民發粟，

公不許。

當為路寢之臺，

晏子令吏重其賃，遠其兆，徐其日而不趨。

三年臺成而民振，故上悅乎遊，民足乎食。

文言字詞	詞性	詞義
「發粟」	動詞＋名詞	發放糧食
當「為」路寢之臺	動詞	建造
「徐」其日	動詞	延緩
重「其」賃，遠「其」兆，徐「其」日	代名詞	路寢之臺的工程

1. 重其賃，遠其兆，徐其日而不趨＝提高工程工資，延後工程完工期限，延緩工程每日進度，而不催促。
2. 三年臺成而民振，故上悅乎遊，民足乎食＝三年後露臺完工，人民也得到賑濟。景公遊玩得很開心，百姓也能溫飽。

2　圈出獨特言行

三年臺成而民振，故上悅乎遊，民足乎食＝晏子以（築臺工程）代替（發糧賑災），使景公（滿意），百姓也不必受（饑荒）之苦。

3　思考人物特質

晏子能（靈活變通），同時滿足景公與人民的需求。

會考試題參考

1. 根據本文，景公的作為最適合以下列何者來形容？【會104-45】
   (A) 短視近利，弄巧成拙
   (B) 徵收重稅，與民爭利
   (C) 誤信讒言，疏遠賢臣
   (D) 圖己之樂，不恤民生※

2. 本文呈現了晏子在政治上的哪一種智慧？【會104-46】
   (A) 無為而治，使民休養生息
   (B) 知所變通，化解君民衝突※
   (C) 集合眾智，致使政通人和
   (D) 虛與委蛇，改變君王欲求

三　學生自我評量

　　學生熟悉提升推論人物特質能力的閱讀策略後，必須落實於實際的閱讀活動，並能迅速回應推論人物特質能力的相關提問。所以我們安排下列試題，方便學生自我監控是否能有效將推論人物特質能力的閱讀策略，靈活運用於推論能力的閱讀評量。

　　趙王李德誠鎮江西，有術士自稱：「世人賤貴，一見輒分。」王使女妓數人，與妻滕國君同妝梳服飾，偕立庭中，請辨良賤。客俯躬而進曰：「國君頭上有黃雲。」群妓不覺皆仰首，術士曰：「此是國君也。」王悅而遣之。──改寫自《誠齋雜記》

1. 下列何者最適合用來形容文中的術士？【基10002-8】
   (A) 目有神力，貴賤立判
   (B) 信口雌黃，誤打誤撞
   (C) 機智靈活，巧工心計
   (D) 透析陰陽，能施法術

　　佟中丞鳳彩巡撫河南，年已老，每日五鼓，燃燭治文書，或坐倦假寐，少頃，輒矍然起，自呼其名曰：「佟某，汝為朝廷大臣，封疆之重，皆汝肩之，奈何不任事若此！」輒以手批頰數四。侍者為之悚慄。

　　中丞在豫，恩澤普及，豫人感其德，猶繪像祀之。──改寫自葛虛存《清代名人軼事》

2.根據本文的敘述，可推知佟中丞的為人如何？【會106-46】

(A) 自許甚高，治事嚴謹

(B) 嫉惡如仇，律下嚴厲

(C) 貧賤不移，威武不屈

(D) 豁達大度，不拘小節

參考答案：1.C、2.A。

參 提升推論能力——故事結果原因閱讀策略

　　想協助學生提升推論故事結果原因的閱讀能力，老師應選擇具詳述成敗原因的短文，且此短文只提供線索，未具體說明作者對故事結果原因的看法，這樣才能提升學生的推論能力。我們根據推論故事結果原因的閱讀目標，設計系列性的操作步驟。透過這些系列性的操作步驟，希望協助老師引導學生有效學習提升推論故事結果原因能力的閱讀策略。

　　下文將以操作步驟與方法、教學範例（含該範例會考試題供教師參考）、學生自我評量三個項目，深入說明。方便教師先模仿操作，再求舉一反三，最後達成創新應用的最高境界。

一 操作步驟與方法

1 基礎閱讀

　　方法：學生自行練習斷句、圈補主語、圈說難詞句。

　　目的：提升基礎閱讀能力。

　　提醒：此部分可依學生程度自由調整應用。

2　簡述故事結果

方法：學生簡述故事結果。

目的：提升推論能力。

提醒：老師可以用（ ），引導學生練習。

3　思考結果原因

方法：學生根據線索，思考造成故事結果的原因。

目的：提升推論能力。

提醒：有些學生雖能注意到線索，但不能掌握作者未具體說出
　　　的故事結果原因，須引導學生聯想其中的關聯性。

二　教學範例

（一）李師古

　　李師古跋扈，憚杜黃裳為相，未敢失禮，乃寄錢物百萬，並
氈車一乘。使者未敢進，乃於宅門伺候。有肩輿自宅出，從
婢二人，青衣襤褸。問：「何人？」曰：「相公夫人。」使者
遽歸以告，師古乃止。——《唐語林·德行》

1　基礎閱讀

斷句

　　李師古跋扈，憚杜黃裳為相，未敢失禮，乃寄錢物百萬，並
　　　氈車一乘。——李師古行為
　　使者未敢進，乃於宅門伺候。——使者行為

有肩輿自宅出，從婢二人，青衣襤褸。——使者所見

問：「何人？」——使者言語

曰：「相公夫人。」——他人言語

使者遽歸以告，——使者行為

師古乃止。——李師古行為

圈補人物

李師古跋扈，憚杜黃裳為相，未敢失禮，乃寄錢物百萬，並
　　氈車一乘。

使者未敢進（杜黃裳宅），乃於宅門伺候。

有肩輿自（杜黃裳）宅出，從婢二人，青衣襤褸。

（使者）問：「何人？」

（人）曰：「相公夫人。」

使者遽歸以告（李師古），

師古乃止。

圈說難詞句

李師古跋扈，憚杜黃裳為相，未敢失禮，乃寄錢物百萬，並
　　氈車一乘。

使者未敢進，乃於宅門伺候。

有肩輿自宅出，從婢二人，青衣襤褸。

問：「何人？」

曰：「相公夫人。」

使者遽歸以告，

師古乃止。

文言字詞	詞性	詞義
「憚」杜黃裳為相	動詞	害怕、畏懼
於宅門「伺候」	動詞	偵候、等待
「遽」歸以告	副詞	急忙

1. 從婢二人，青衣襤褸＝兩位侍婢穿著破舊粗布衣衫。
2. 師古乃止＝李師古放棄送禮給杜黃裳。

2　簡述故事結果

　　杜黃裳當宰相，（李師古）派使者想送（大禮）給宰相。使者回家說明宰相府（生活）情形，李師古打消（送禮）念頭。

3　思考結果原因

　　因為宰相夫人生活（儉樸），推論宰相為官（清廉），不會（收禮）。

會考試題參考

1. 根據本文，「師古乃止」的原因，最可能是下列何者？【會103-34】

   (A) 由杜夫人行事知杜府儉樸，不宜致贈厚禮※

   (B) 使者見杜相威儀可畏，不敢貿然呈上禮物

   (C) 杜夫人治家有方，遣女婢婉拒李師古之禮

   (D) 得知杜相府當時僅有女眷，不敢隨意過訪

（二）廉頗

趙以數困於秦兵，趙王思復得廉頗，廉頗亦思復用於趙。趙王使使者視廉頗尚可用否。廉頗之仇郭開多與使者金，令毀之。趙使者既見廉頗，廉頗為之一飯斗米，肉十斤，被甲上馬，以示尚可用。趙使還報王曰：「廉將軍雖老，尚善飯。然與臣坐，頃之三遺矢矣。」趙王以為老，遂不召。——《史記‧廉頗藺相如列傳》

1　基礎閱讀

斷句

趙以數困於秦兵，趙王思復得廉頗，廉頗亦思復用於趙。——趙國背景

趙王使使者視廉頗尚可用否。——趙王行為

廉頗之仇郭開多與使者金，令毀之。——郭開行為

趙使者既見廉頗，——使者行為

廉頗為之一飯斗米，肉十斤，被甲上馬，以示尚可用。——廉頗行為

趙使還報王曰：「廉將軍雖老，尚善飯。然與臣坐，頃之三遺矢矣。」——使者言語

趙王以為老，遂不召。——趙王行為

圈補人物

趙以數困於秦兵，趙王思復得廉頗，廉頗亦思復用於趙。

趙王使使者視廉頗尚可用否。

廉頗之仇郭開多與使者金，令（使者）毀之（廉頗）。

趙使者既見廉頗，

廉頗為之一飯斗米，肉十斤，被甲上馬，以示尚可用。

趙使還報王曰：「廉將軍雖老，尚善飯。然（廉將軍）與臣
坐，頃之三遺矢矣。」

趙王以為（廉頗）老，遂不召（廉頗）。

圈說難詞句

趙以數困於秦兵，趙王思復得廉頗，廉頗亦思復用於趙。

趙王使使者視廉頗尚可用否。

廉頗之仇郭開多與使者金，令毀之。

趙使者既見廉頗，廉頗為之一飯斗米，肉十斤，被甲上馬，
以示尚可用。

趙使還報王曰：「廉將軍雖老，尚善飯。然與臣坐，頃之三
遺矢矣。」

趙王以為老，遂不召。

文言字詞	詞性	詞義
趙以「數」困於秦兵	副詞	多次
趙王「使」使者	動詞	派遣
郭開多「與」使者金	動詞	給予
令「毀」之	動詞	毀謗

1. 廉頗為之一飯斗米，肉十斤，被甲上馬，以示尚可用＝廉頗在使者面前，一頓飯吃了一斗米、十斤肉，還披上鎧甲上馬，表示自己仍可上戰場。

2. 廉將軍雖老，尚善飯。然與臣坐，頃之三遺矢矣＝廉頗將軍雖然年老，但吃飯胃口仍好，只是與我坐下談話不久，就多次屎尿失禁。

2　簡述故事結果

趙王想重用（廉頗），派使者觀察他的（健康狀況）。使者回報：廉頗多次（屎尿失禁）。趙王打消（重用廉頗）的念頭。

3　思考結果原因

使者接受（郭開）賄賂，故意說謊（陷害）廉頗。

會考試題參考

1. 根據這段文字，廉頗不復重用的原因，最可能是下列何者？
【會105-34】

(A) 不知禮數，席間得罪使者

(B) 老態畢現，難以征戰沙場

(C) 趙王憫其年老，賜歸還鄉

(D) 郭開挾怨報復，陰謀陷害※

三　學生自我評量

　　學生熟悉提升推論故事結果原因能力的閱讀策略後，必須落實於實際的閱讀活動，並能迅速回應推論故事結果原因能力的相關提問。所以我們安排下列試題，方便學生自我監控是否能有效將推論故事結果原因能力的閱讀策略，靈活運用於推論能力的閱讀評量。

　　楚莊王謀事而當，群臣莫能逮，退朝而有憂色。申公巫臣進曰：「君朝而有憂色，何也？」楚王曰：「吾聞之：諸侯自擇師者王，自擇友者霸，足於己而群臣莫若之者亡。今以不穀之不肖而議於朝，且群臣莫能逮，吾國其幾於亡矣，是以有憂色也。」──《新序·雜事一》

1. 根據這則故事，楚莊王有憂色的原因，最可能是下列何者？
   【會109-34】
   (A) 缺乏優秀人才輔政
   (B) 群臣不願追隨國君
   (C) 朝中小人當道亂政
   (D) 難以抉擇施政方向

　　趙簡子問於壯馳茲曰：「東方之士孰為愈？」壯馳茲曰：「敢賀！」簡子曰：「未應吾問，何賀？」對曰：「臣聞之：國家將興也，君子自以為不足；其亡也，若有餘。今子任晉國之政，而問及小人，又求賢人，吾是以賀。」──《國語·晉語》

2. 根據這段文字，趙簡子之所以得到壯馳茲的祝賀，其原因最可能是下列何者？【會108-27】

(A) 取得晉國執政權

(B) 能明辨小人與賢人

(C) 具備禮賢下士的態度

(D) 已找到東方最好的謀士

參考答案：1. A、2. C。

第三節　閱讀策略的綜合應用

　　閱讀策略的綜合應用是指學生能將詮釋、推論能力的閱讀策略，靈活組織應用於較複雜的文本。這種綜合閱讀能力的評量多出現在閱讀題組的測驗中。詮釋＋推論類型的組合，常見的是詮釋＋推論故事結果原因。以下我們將針對此類型，以教學範例（含操作步驟）、學生自我評量二個項目，深入說明。希望教師教學時先模仿操作，再求舉一反三，最後達成創新應用的最高境界。

詮釋＋推論故事結果原因類型

一　教學範例

　　這種類型的閱讀策略，常見的操作步驟為基礎閱讀＋推論故事結果原因，此即為：

1. 基礎閱讀
2. 說分句重點
3. 簡述故事結果
4. 思考結果原因

學生如能將詮釋與推論故事結果原因的閱讀策略，整合成上述的操作步驟，就能回應此類的閱讀題組試題。

大將軍仇鸞，始為曾銑所劾，欲倚嚴嵩以抗曾銑，故約為父子。已而鸞得帝重，嵩猶視之若子，遂浸相惡。嵩密疏毀鸞，帝不聽，而頗納鸞所陳嵩父子過，少疏之。嵩當入值，不召者數矣。嵩見徐階、李本入西內，即與俱入。至西華門，門者以非詔旨格之。嵩還第，父子對泣。時陸炳掌錦衣，與鸞爭寵，嵩乃結炳共圖鸞。會鸞病死，炳訐鸞陰事，帝追戮之。於是益信任嵩，遣所乘龍舟過海子召嵩，載值西內如故。——改寫自《明史・奸臣》

1 基礎閱讀

圈補人物

大將軍仇鸞，始為曾銑所劾，
（仇鸞）欲倚嚴嵩以抗曾銑，故（與嚴嵩）約為父子。
已而鸞得帝重，嵩猶視之（仇鸞）若子，（嚴嵩與仇鸞）遂
　　浸相惡。
嵩密疏毀鸞，
帝不聽，而頗納鸞所陳嵩父子過，少疏之（嚴嵩）。
嵩當入值，（帝）不召者數矣。

嵩見徐階、李本入西內，即與（徐階、李本）俱入。

至西華門，門者以（嚴嵩）非詔旨格之（嚴嵩）。

嵩還第，父子對泣。

時陸炳掌錦衣，與鸞爭寵，嵩乃結炳共圖鸞。

會鸞病死，炳訐鸞陰事，

帝追戮之（仇鸞）。

於是（帝）益信任嵩，遣所乘龍舟過海子召嵩，載（嚴嵩）
　　值西內如故。

圈說難詞句

文言字詞	詞性	詞義
曾銑所「劾」	動詞	彈劾、檢舉
遂「浸」相惡	副詞	逐漸
「少疏」之	副詞＋動詞	稍微疏遠
不召者「數」矣	副詞	多次、頻繁
非詔旨「格」之	動詞	阻攔、抵擋
嵩「還第」	動詞＋名詞	回到（自己）宅第
載「值」	動詞	執行勤務、值班

1. 嵩乃結炳共圖鸞＝嚴嵩於是聯合陸炳，共謀毀謗、對付仇
鸞。

2. 會鸞病死，炳訐鸞陰事＝適逢仇鸞病死，陸炳便揭發仇鸞圖
謀不軌之事。

2 說分句重點

大將軍仇鸞，始為曾銑所劾，──仇鸞被曾銑彈劾

欲倚嚴嵩以抗曾銑，故約為父子。──仇鸞稱嚴嵩為父，對
　　抗曾銑

已而鸞得帝重，嵩猶視之若子，遂浸相惡。──仇鸞得皇帝
　　信任，不想再當嚴嵩兒子，兩人因此交惡

嵩密疏毀鸞，──嚴嵩秘密毀謗仇鸞

帝不聽，而頗納鸞所陳嵩父子過，少疏之。──皇帝相信仇
　　鸞疏遠嚴嵩

嵩當入值，不召者數矣。──嚴嵩入朝值班，皇帝不召見他

嵩見徐階、李本入西內，即與俱入。──有一次，嚴嵩見大
　　臣入朝見皇帝，他也想跟著進去

至西華門，門者以非詔旨格之。──西華門侍者將嚴嵩擋下

嵩還第，父子對泣。──嚴嵩擔心自己生命不保，回家後，
　　父子對泣

時陸炳掌錦衣，與鸞爭寵，嵩乃結炳共圖鸞。──嚴嵩結合
　　陸炳一起毀謗仇鸞

會鸞病死，炳訐鸞陰事，──正逢仇鸞過世，陸炳密告皇帝
　　仇鸞想要謀反

帝追戮之。──皇帝下詔賜死仇鸞

於是益信任嵩，遣所乘龍舟過海子召嵩，載值西內如故。──
　　皇帝再次信任嚴嵩，用自己的龍舟接嚴嵩入宮，嚴嵩再
　　次值班內廷

3　簡述故事結果

皇帝（倚重）仇鸞、（疏遠）嚴嵩，嚴嵩聯合陸炳，毀謗（仇鸞），嚴嵩重獲皇帝（信任）。

4　思考結果原因

嚴嵩與仇鸞第一次（交惡），是因仇鸞得勢後嚴嵩仍視他為兒子。第二次交惡，是因嚴嵩與陸炳聯合打擊（仇鸞）。

會考試題參考

1. 根據本文，下列何者最可能是仇鸞與嚴嵩一開始交惡的原因？【會112-39】
   (A) 嚴嵩私下上奏，詆毀仇鸞
   (B) 嚴嵩與曾銑結盟，疏遠仇鸞
   (C) 仇鸞向皇帝稟告嚴嵩父子的罪行
   (D) 仇鸞權位日重，不願嚴嵩仍以子視之※

2. 下列文句的解說，何者最恰當？【會112-40】
   (A) 門者以非詔旨格之：守門者將徐階、李本擋下
   (B) 嵩還第，父子對泣：嚴嵩與仇鸞兩人盡釋前嫌
   (C) 炳訐鸞陰事，帝追戮之：皇帝認為陸炳毀謗死者，憤而殺之
   (D) 遣所乘龍舟過海子召嵩：皇帝以高規格召回嚴嵩，以示禮遇※

二　學生自我評量

　　學生熟悉提升詮釋＋推論故事結果原因能力的閱讀策略後，必須落實於實際的閱讀活動，並能迅速回應詮釋＋推論故事結果原因能力的相關提問。所以我們安排下列試題，方便學生自我監控是否能有效將詮釋＋推論故事結果原因能力的閱讀策略，靈活運用於題組的閱讀評量。

王起主文柄

　　王起主文柄，欲以白敏中為狀元，病其與賀拔惎為友。惎有文而落拓。乃密令門人申意，俾敏中與惎絕。門人復約敏中，具以告之。敏中曰：「皆如所教。」既而惎果造門，左右欺以敏中他適，惎遲留不言而去。俄頃，敏中躍出，連呼左右召惎，悉以實告，曰：「一第何患不致，奈輕負至交！」相與歡醉。門人睹之，大怒而去。懇告於起，且云不可必矣。起曰：「我原只得白敏中，今當更取賀拔惎矣。」——改寫自《唐摭言》

1. 根據本文，下列文句省略的主語，何者是白敏中？【會111-41】
   (A) 病其與賀拔惎為友
   (B) 乃密令門人申意
   (C) 悉以實告
   (D) 大怒而去

2.根據本文，王起說：「我原只得白敏中，今當更取賀拔基矣。」這句話的原因，最可能是下列何者？【會111-42】

(A) 白敏中向王起推薦賀拔基取代自己

(B) 賀拔基已知此次科考內幕，只好破格錄取封口

(C) 比起白敏中的前倨後恭，賀拔基的真誠顯得更為可貴

(D) 白敏中把賀拔基看得比狀元還重，可知賀拔基有過人之處

參考答案：　1. C、2. D。

第四節　小結

　　本章我們針對詮釋、推論能力的閱讀策略，提出操作步驟與方法、教學範例及學生自我評量，供教師參考和學生練習。

　　透過詮釋能力閱讀策略的練習，學生將學會如何透過斷句、圈補人物、圈說難詞句、說分句重點，理解文本的基礎內容。而藉由運用推論能力的閱讀策略，學生也能夠探索作者未言明的寫作目的、人物特質和故事結果原因。最後，學生還能運用詮釋＋推論能力的閱讀策略。這樣，他們在面對不熟悉的文本時，便能放下心中的恐懼，甚至享受到更多讀懂作者言外之意的樂趣，進而愈來愈有自信進行獨立閱讀。

第四章
文言記敘短文閱讀策略
——統整、分析

　　本章聚焦探討統整和分析能力的閱讀策略，統整和分析能力是文言文閱讀的高階能力。統整是對文本的內容細節進行整合，建構出對文本的完整認識。分析則是學生能針對文本的敘寫順序、材料組織及人事物的描寫技巧，進行整合與辨析。

　　經過本章的學習，可學習到統整、分析、統整＋分析、詮釋＋統整能力的閱讀策略操作步驟：

一　統整能力的閱讀策略操作步驟

二　分析能力的閱讀策略操作步驟

三 統整＋分析能力的閱讀策略操作步驟

四 詮釋＋統整能力的閱讀策略操作步驟

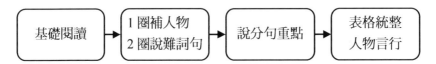

第一節　統整能力的閱讀策略

　　我們為提升學生閱讀文言記敘短文的統整能力，設計了一系列的操作步驟。這些操作步驟，是學生學習統整能力最重要的閱讀策略，它們能協助學生理解文言文後，對短文內容細節作進一步的整合。由於它的步驟簡單清楚且易於操作，所以能協助學生在閱讀文言文時，享受整合內容，深入瞭解細節的樂趣。

　　統整能力想達成的閱讀目標是提升學生整合內容細節的閱讀能力。所以我們針對此目標，設計下列操作步驟，方便學生利用有效的閱讀策略，為自己的高階閱讀能力紮根。

壹　提升統整能力的閱讀策略

　　想協助學生提升統整的閱讀能力，老師應選擇故事性豐富的短文，且此短文應提供許多細節，供學生練習整合。

　　下文將以操作步驟與方法、教學範例（含該範例會考試題供
教師參考）、學生自我評量三個項目，深入說明。方便教師先模
仿操作，再求舉一反三，最後達成創新應用的最高境界。

一　操作步驟與方法

1　基礎閱讀

　　方法：學生自行練習斷句、圈補主語、圈說難詞句。（本節
　　　　　說明省略斷句，而圈補主語、圈說難詞句則視需要說
　　　　　明，以避免冗贅）。

　　目的：提升基礎閱讀能力。

　　提醒：此部分可依學生程度自由調整應用。

2　說分句重點

　　方法：學生簡述分句的涵義。

　　目的：提升理解句義、句子特質的閱讀能力。

　　提醒：學生簡述分句重點，不宜直接翻譯應練習換句話說，
　　　　　並體會人物言行的弦外之意。

3　表格統整人物言行

　　方法：學生以表格統整人物言行重點。

　　目的：提升統整能力。

　　提醒：人物若有一連串言行，須引導學生聚焦在人物的關鍵
　　　　　言行上。

二　教學範例

（一）道士講經

　　有道士講經茅山，聽者數百人。有自外入者，大罵曰：「道士奴！天正熱，聚眾造妖何為？」道士起謝曰：「居山養徒，資用乏，不得不爾。」罵者怒少解，曰：「須錢不難，何至作此！」乃取釜灶杵臼之類，得百餘斤，以少藥鍛之，皆為銀，乃去。後數年，道士復見此人從一老道士，鬚髮如雪，騎白驢，此人腰插一驢鞭從其後。道士遙望叩頭，欲從之。此人指老道士，且搖手作驚畏狀，去如飛，少頃即不見。——改寫自蘇軾《東坡志林》

1　基礎閱讀

圈說難詞句

文言字詞	詞性	詞義
「造」妖	動詞	虛構
起「謝」	動詞	賠罪、道歉
怒「少」解	副詞	略微、稍微
不得不「爾」 何至作「此」	代名詞	如此＝聚眾講經
「從」其後	動詞	跟隨
少頃	副詞	不久、短時間

乃取釜灶杵臼之類，得百餘斤，以少藥鍛之，皆為銀，乃去＝於是從外面進來的那人便使用一點藥物，將幾百斤的鍋、灶、杵、臼等器物鍛鍊成銀後，才離去。

2　說分句重點

有道士講經茅山，聽者數百人。——道士講經

有自外入者，大罵曰：「道士奴！天正熱，聚眾造妖何為？」——外者罵道士妖言惑眾

道士起謝曰：「居山養徒，資用乏，不得不爾。」——道士解釋生計困難，不得不如此

罵者怒少解，曰：「須錢不難，何至作此！」——外者聽完說明，怒氣稍解

乃取釜灶杵臼之類，得百餘斤，以少藥鍛之，皆為銀，乃去。——外者鍛物成銀後離去

後數年，道士復見此人從一老道士，鬚髮如雪，騎白驢，此人腰插一驢鞭從其後。——道士見外者跟在一騎驢老道士身後

道士遙望叩頭，欲從之。——道士叩頭致意，也想跟隨

此人指老道士，且搖手作驚畏狀，去如飛，少頃即不見。——外者以手勢示意拒絕後，快速離去

3　表格統整人物言行重點

人物	道士	自外入者
內容	1.聚眾講經 2.解釋生計困難	1.責罵道士妖言惑眾 2.聽完解釋怒氣消，以藥鍛物成銀，幫助道士

（續下頁）

人物	道士	自外入者
	3.復見自外入者，表達感激想追隨	3.拒絕道士，快速離去

會考試題參考

1. 根據這則故事，下列關於「自外入者」的敘述何者正確？
   【會109-33】
   (A) 責罵道士搶走自己的信徒
   (B) 聽完道士說明後更加生氣
   (C) 被道士收買，為道士斂財
   (D) 擁有特殊藥物，鍛物成銀※

（二）皎然

吳興僧皎然，工律詩。嘗謁韋蘇州，恐詩體不合，乃於舟中抒思，作古體十數篇為贄。韋公全不稱賞，皎然極失望。明日寫其舊製獻之，韋公吟誦，大加歎詠。因語皎然云：「師幾失聲名。何不但以所工見投，而猥希老夫之意。人各有所得，非猝能致。」皎然大服其鑒別之精。——改寫自《因話錄》

1　基礎閱讀

圈說難詞句

文言字詞	詞性	詞義
「工」律詩	動詞	擅長
「謁」韋蘇州	動詞	拜見

（續下頁）

文言字詞	詞性	詞義
「寫」其舊製	動詞	抄錄
因「語」皎然	動詞	告訴
「幾」失聲名	副詞	幾乎

1. （皎然）恐詩體不合，乃於舟中抒思，作古體十數篇為贄＝皎然擔心律詩不合韋蘇州的喜好，因此在船上構思，新作了十幾首古體詩當成見面禮。

2. 師幾失聲名＝您為了討好我特別改寫古體詩的行為，差點讓您失去善寫律詩的好名聲。

3. 何不但以所工見投，而猥希老夫之意＝您應該獻自己擅長的律詩，而不是迎合我的喜好，改獻古體詩。

4. 人各有所得，非猝能致＝您倉促寫成的古詩，成果無法和律詩相比＝好作品需要長久累積，不能倉促成篇。

5. 皎然大服其鑒別之精＝皎然非常佩服韋蘇州的鑑賞眼光。

2　說分句重點

吳興僧皎然，工律詩。——皎然擅長寫律詩

嘗謁韋蘇州，恐詩體不合，乃於舟中抒思，作古體十數篇為贄。——皎然新作了古體詩要送給韋蘇州

韋公全不稱賞，——韋蘇州不欣賞皎然的古體詩

皎然極失望。——皎然感到失望

明日寫其舊製獻之，——皎然隔天抄幾首自己舊作律詩，重新送給韋蘇州

韋公吟誦，大加歎詠。——韋蘇州讚賞皎然的律詩

因語皎然云：「師幾失聲名。——韋蘇州提醒皎然差點失去
　　善詩的美名

何不但以所工見投，而猥希老夫之意。——韋蘇州問皎然為
　　何臆測我的喜好，卻不獻自己擅長的律詩

人各有所得，非猝能致。」——好作品需要長久累積，不能
　　倉促成篇＝忠於自己，不要投人所好

皎然大服其鑒別之精。——皎然佩服韋蘇州

3 表格統整人物言行

人物	皎然	韋蘇州
內容	1. 投韋蘇州所好，獻古體詩 2. 獻舊作律詩 3. 佩服韋蘇州善於鑒賞	1. 不欣賞皎然古體詩 2. 讚賞皎然律詩 3. 勸皎然忠於自己，不要投人所好

會考試題參考

1. 根據這段文字，關於皎然與韋蘇州的敘述，下列何者正確？
【會104-30】

(A) 韋蘇州覺得皎然名不符實

(B) 皎然臆測韋蘇州偏好古體※

(C) 韋蘇州與皎然談論如何鑑賞詩作

(D) 皎然依從韋蘇州修改舊作，終獲讚賞

三　學生自我評量

　　學生熟悉提升統整能力的閱讀策略後，必須落實於實際的閱讀活動，並能迅速回應閱讀統整能力的相關提問。所以我們安排下列試題，方便學生自我監控是否能有效將統整能力的閱讀策略，靈活運用於統整能力的閱讀評量。

　　胡旦晚年病目，閉門閒居。一日，史館共議作一貴侯傳，其人少賤，嘗屠豕豬。史官以為諱之即非實錄，書之即難為辭。相與見旦，旦曰：「何不曰『某少嘗操刀以割』，示有宰天下之志。」莫不嘆服。——改寫自《澠水燕談錄》

1. 根據這則故事，下列關於胡旦的敘述何者最恰當？【會110-30】
   (A) 年少時曾操刀殺豬
   (B) 史官共議為其立傳
   (C) 史官因不知如何記實而登門求教
   (D) 眾人因其有宰割天下之志而嘆服

　　有客語：「馬肝大毒，能殺人，故漢武帝云：『文成食馬肝而死。』」迂公適聞之，發笑曰：「客誑語耳，肝故在馬腹中，馬何以不死？」客戲曰：「馬無百年之壽，以有肝故也。」公大悟，家有畜馬，便刲其肝，馬立斃。公擲刀歎曰：「信哉，毒也。去之尚不可活，況留肝乎？」——浮白齋主人《雅謔》

2. 根據這則笑話，下列敘述何者正確？【會106-17】
   (A) 漢武帝因食馬肝而死
   (B) 馬肝很毒，所以馬不長壽
   (C) 迂公原本不相信客人所說的話
   (D) 從迂公殺馬的結果可知客人所言不虛

   荊州街子葛清，自頸以下，遍刺白居易舍人詩。荊客陳至呼觀之，令其自解，背上亦能暗記。反手指其札處，至「不是花中偏愛菊」，則有一人持杯臨菊叢。又「黃夾纈林寒有葉」，則指一樹，樹上掛纈，纈上花紋極細。凡刻三十餘首，體無完膚，陳至贊為「白舍人行詩圖」也。——段成式《酉陽雜俎》

3. 根據這段文字，下列關於葛清的敘述，何者正確？【會109-16】
   (A) 刺青內容取自白詩
   (B) 獲贈白舍人行詩圖
   (C) 主動展示身上的圖文
   (D) 詩句圖文皆刺在背部

參考答案：1. C、2. C、3. A。

第二節　分析能力的閱讀策略

　　我們為提升學生閱讀文言記敘短文的分析能力，設計了一系列的操作步驟。這些操作步驟，是學生學習分析能力最重要的閱讀策略，它們能協助學生理解文言文後，進一步分析短文的寫作手法／方式，以及其達成的寫作效果。由於它的步驟簡單清楚且易於操作，所以能協助學生在閱讀文言文時，享受辨析文本敘寫順序、材料組織及人事物描寫技巧的樂趣。

　　分析能力想達成的閱讀目標是提升學生分析作品各種寫作手法／方式的閱讀能力。所以我們針對此目標，設計下列操作步驟，方便學生利用有效的閱讀策略，為自己的高階閱讀能力紮根。

壹　提升分析能力的閱讀策略

　　想協助學生提升分析的閱讀能力，老師應選擇描寫技巧豐富、人物形象鮮明、事件複雜有趣的短文，供學生練習分析。

　　下文將以操作步驟與方法、教學範例（含該範例會考及自編試題供教師參考）、學生自我評量三個項目，深入說明。方便教師先模仿操作，再求舉一反三，最後達成創新應用的最高境界。

一　操作步驟與方法

1　基礎閱讀

　方法：學生自行練習斷句、圈補主語、圈說難詞句。（本節

說明省略斷句,而圈補主語、圈說難詞句則視需要說明,以避免冗贅)。

目的:提升基礎閱讀能力。

提醒:此部分可依學生程度自由調整應用。

2　說分句重點

方法:學生簡述分句的涵義。

目的:提升理解句義、句子特質的閱讀能力。

提醒:學生簡述分句重點,不宜直接翻譯應練習換句話說,並體會人物言行的弦外之意。

3　分析順序／組織

方法:學生分析敘寫順序／題材組織。

目的:提升分析能力。

提醒:需引導學生辨析敘寫的順序與材料的組織。

4　分析人事物描寫技巧

方法:學生分析塑造人事物的技巧。

目的:提升分析能力。

提醒:需引導學生聚焦在凸顯人事物特質的描寫技巧。

二　教學範例

（一）李寄斬蛇

　　東越閩中，有庸嶺，高數十里，其西北隰地有大蛇，長七八丈，大十餘圍，土俗常懼。東冶都尉及屬城長吏，多有死者。祭以牛羊，故不得福，或與人夢，或下諭巫祝，欲得啖童女年十二三者。都尉、令、長，並共患之，然氣屬不息，乃請求人家婢子，或有罪家女養之，至八月朝，祭送蛇穴口，蛇出吞嚙之。累年如此，已用九女。

　　爾時預復募索，未得其女，將樂縣李誕，家有六女，無男。其小女名寄，應募欲行。父母不聽。寄曰：「父母無德，惟生六女，無有一男，雖有如無。女無緹縈濟父母之功，既不能供養，徒費衣食，生無所益，不如早死。賣寄之身，可得少錢，以供父母，豈不善耶？」父母慈憐，終不聽去。寄自潛行，不可禁止。

　　寄乃告請好劍及咋蛇犬。至八月朝，便詣廟中坐，懷劍，攜犬。先將數石糍餅，用蜜漿灌之，以置穴口。蛇便出。頭大如穀倉，目如二尺鏡，聞餅香氣，先啖食之。寄便放犬，犬就嚙咋，寄從後斫得數創。創痛急，蛇因躍出，至庭而死。寄入視穴，得其九女骷髏，悉舉出，吒言曰：「汝輩怯弱，為蛇所食，甚可哀憐！」於是寄緩步而歸。

　　越王聞之，聘寄為后，拜其父為將樂令，母及姊皆有賞賜。自是東冶無復妖邪之物。——改寫自干寶《搜神記・李寄》

1 基礎閱讀

圈說難詞句

文言字詞	詞性	詞義
土俗	名詞	當地人
啖	動詞	吃
「咋」蛇犬	動詞	咬、囓

1. 祭以牛羊，故不得福＝用牛羊祭大蛇，祭祀無效。
2. 都尉、令、長，並共患之，然氣屬不息＝都尉、令、長這些官員都為了準備童女的事傷腦筋，而大蛇凶惡危害的氣勢沒有停歇。
3. 爾時預復募索，未得其女＝那時，再次事先募求童女來祭祀大蛇，但還是沒有成功找到。

2 說分句重點

　　東越閩中，有庸嶺，高數十里，——東越閩中有高山庸嶺

　　其西北隰地有大蛇，長七八丈，大十餘圍，土俗常懼。——
　　　　當地居民害怕庸嶺隰地中的大蛇

　　東冶都尉及屬城長吏，多有死者。——大蛇造成多人死亡

　　祭以牛羊，故不得福，——以牛羊為祭品無效

　　或與人夢，或下諭巫祝，欲得啖童女年十二三者。——大蛇
　　　　託夢要求以童女為祭品

　　都尉、令、長，並共患之，然氣屬不息，——官員苦惱，但
　　　　大蛇危害不歇

乃請求人家婢子，或有罪家女養之，至八月朝，祭送蛇穴
　　口，蛇出吞嚙之。——官員求取民間童女送給大蛇吞食

累年如此，已用九女。——已送祭九名童女

爾時預復募索，未得其女，——尋找童女遇到困難

將樂縣李誕，家有六女，無男。——李誕家有六名女兒

其小女名寄，應募欲行。——小女李寄自願祭蛇

父母不聽。——父母不同意

寄曰：「父母無德，惟生六女，無有一男，雖有如無。——
　　李寄說服理由一：生女如無子

女無緹縈濟父母之功，既不能供養，徒費衣食，生無所益，
　　不如早死。——李寄說服理由二：女兒無法供養父母，
　　浪費衣食，不如死去

賣寄之身，可得少錢，以供父母，豈不善耶？」——李寄說
　　服理由三：自己賣身祭蛇所得金錢可供養父母

父母慈憐，終不聽去。——父母不忍，依舊不同意

寄自潛行，不可禁止。——李寄悄悄離家行動

寄乃告請好劍及咋蛇犬。——李寄先準備利劍和獵狗

至八月朝，便詣廟中坐，懷劍，攜犬。——李寄帶劍和狗前
　　往廟中祭蛇

先將數石糕餅，用蜜漿灌之，以置穴口。——　李寄以蜜餅設
　　下陷阱誘蛇

蛇便出。——大蛇出洞

頭大如穀倉，目如二尺鏡，——大蛇兇殘

聞餅香氣，先啖食之。——大蛇先吃蜜餅

寄便放犬，犬就齧咋，寄從後斫得數創。──李寄放犬咬
　　蛇，自己也持劍砍蛇

創痛急，蛇因躍出，至庭而死。──大蛇劇痛，從蛇穴逃至
　　庭院傷重而死

寄入視穴，得其九女骷髏，悉舉出，──李寄入蛇穴，將九
　　女骨骸取出

吒言曰：「汝輩怯弱，為蛇所食，甚可哀憐！」──李寄感
　　嘆九女因怯弱被蛇吞食

於是寄緩步而歸。──李寄平靜回家

越王聞之，聘寄為后，──越王聘李寄為后

拜其父為將樂令，母及姊皆有賞賜。──越王賞賜李寄家人

自是東冶無復妖邪之物。──東越不再有妖物危害

3　分析順序／組織

敘寫重點	選出細節敘寫最多的場景： □大蛇危害　□李寄求去　☑李寄斬蛇
李寄斬蛇的順序	☑順敘（開始→發展→結果） □倒敘（結果→發展→開始） 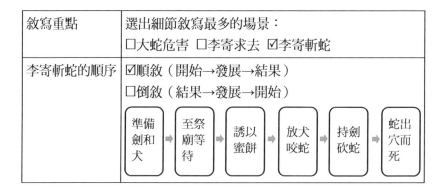

4　分析人事物描寫技巧

人物	李寄	官員	巨蛇
言行／外貌	說服父母 謀畫殺蛇 殺蛇成功	都尉、令、長，並共患之，然氣厲不息	頭大如穀倉，目如二尺鏡
特質	冷靜沈著 解決問題	對大蛇束手無策	以誇飾凸顯兇殘

會考試題參考

1. 關於這篇小說的寫作手法，下列敘述何者<u>錯誤</u>？【基102-48】

   (A) 藉送女祭蛇之事，揭露官吏裝神弄鬼、欺壓百姓的惡行※

   (B) 以巨大的外貌與食人的習性，凸顯大蛇令人驚懼的形象

   (C) 依時間先後描述李寄誘以蜜餅，繼之放犬，從而斫蛇的除害經過

   (D) 以都尉、令、長等成年男性的束手無策，襯托少女李寄的勇敢聰慧

（二）唐公破案

唐公嘗勘一殺人案，獄具矣。一夜秉燭獨坐，忽微聞泣聲，似漸近窗。公自啟簾，則一鬼浴血跪階下，曰：「殺我者某，縣官乃誤坐某，仇不雪，目不瞑也。」翌日自提訊，眾供死者衣履與所見合，信益堅，竟如鬼言，改坐某。問官申辯百端。終以為南山可移，此案不動。一夕，幕友見曰：「鬼從何來？」公曰：「自至階下。」「鬼從何去？」曰：「忽然越牆去。」幕友曰：「凡鬼有形而無質，去當奄然而隱，不當越牆。」因即越牆處尋視，數重屋上皆隱隱有泥跡，直至外垣而下。指以示公曰：「囚賄捷盜所為也。」──改寫自紀昀《閱微草堂筆記‧灤陽消夏錄》

1 基礎閱讀

圈說難詞句

文言字詞	詞性	詞義
具	動詞	定案
誤「坐」某	動詞	處斷、定罪
問官	名詞	審訊罪人、推問案情的官吏
幕友	名詞	官署中辦理文書的人員
「越」牆	動詞	翻過
外「垣」	名詞	牆

1. 終以為南山可移，此案不動＝即使南山可移，唐公也堅持此案改判之決定不變。

2. 凡鬼有形而無質，去當奄然而隱，不當越牆＝鬼應該都是有輪廓而無實體，離去時應該忽然消失，不應該翻牆而走。

2　說分句重點

唐公嘗勘一殺人案，獄具矣。──唐公審案證據齊全

一夜秉燭獨坐，忽微聞泣聲，似漸近窗。──唐公夜晚聽聞哭聲漸近

公自啟簾，則一鬼浴血跪階下，──唐公見一鬼全身是血跪在台階下

曰：「殺我者某，縣官乃誤坐某，仇不雪，目不瞑也。」──鬼陳情判案有誤，請求重判

翌日自提訊，──唐公重審案件

眾供死者衣履與所見合，信益堅，──唐公得知眾人所見死者衣物與鬼相符，因此更堅信自己錯判

竟如鬼言，改坐某。──唐公依鬼所言改判某人為真兇

問官申辯百端。──審案的官吏反對改判決定

終以為南山可移，此案不動。──唐公仍堅持改判

一夕，幕友見曰：「鬼從何來？」──幕友問唐公鬼來處

公曰：「自至階下。」──唐公答鬼逕自到階下

「鬼從何去？」──幕友問鬼如何離去

曰：「忽然越牆去。」──唐公答鬼忽然翻牆離去

幕友曰：「凡鬼有形而無質，去當奄然而隱，不當越牆。」──幕友說明鬼無實體，不該翻牆離去

因即越牆處尋視，數重屋上皆隱隱有泥跡，直至外垣而
下。──仔細去查看鬼翻牆處，發現屋頂有泥跡，延伸
至外牆而下

指以示公曰：「囚賄捷盜所為也。」──幕友推斷鬼為嫌犯買
通盜賊所假扮

3 分析順序／組織

敘寫重點	選出細節敘寫最多的場景： ☐鬼魂申告　☐重審案件　☑推理真相
幕友推理真相的 邏輯順序	蒐集鬼來去線索 ⇒ 對照鬼特性 ⇒ 發現疑點 ⇒ 查證疑點 ⇒ 提出推理

4 分析人事物描寫技巧

人物	唐公	鬼	問官	幕友
言行／外貌	聽信鬼言 草率重審 堅持改判	血跡浴衣 哭訴冤屈 要求報仇	申辯百端	理性推理 勘查證據
特質	思慮不周 固執己見	含冤有怨	堅守職責	智慧、細心

自編試題參考

1. 關於這則故事的寫作手法，下列敘述何者最恰當？【自編試題】

   (A) 以夜半哭聲和血跡浴衣，塑造嫌犯含冤形象

   (B) 透過鬼魂與唐公的對話，逐步還原案發經過

   (C) 以眾人口供和問官質疑，強調此案鐵證如山

   (D) 透過幕友探問及查證，揭示出人意料的真相※

三　學生自我評量

　　學生熟悉提升分析能力的閱讀策略後，必須落實於實際的閱讀活動，並能迅速回應閱讀分析能力的相關提問。所以我們安排下列自編試題（會考文言短文分析寫作手法／方式的試題不足），方便學生自我監控是否能有效將分析能力的閱讀策略，靈活運用於分析能力的閱讀評量。

　　令奉詔選上〔孝宗〕及宗子伯浩入禁中，伯浩豐而澤，上清而癯。高宗初愛伯浩，乃令二人並立。忽有貓過，伯浩以足蹴之，上拱立如故，高宗曰：「此兒輕易乃爾，安能任重邪？」乃賜伯浩白銀三百兩，罷之。──改寫自《建炎以來繫年要錄》

1.關於本文的寫作手法，下列敘述何者**錯誤**？【自編試題】

　(A) 藉外表與行為的對比，凸顯出伯浩和孝宗差異

　(B) 以伯浩無端踢貓的動作，表現他易浮躁的心性

　(C) 故事最後以高宗評語，點明他選拔人才的關鍵

　(D) 以貓比喻伯浩懦弱無能，暗示其被遣送的結局

　　人有賣駿馬者，往見伯樂曰：「臣有駿馬，欲賣之，立於市，人莫與言。願子還而視之，去而顧之，臣請獻一朝之賈。」伯樂乃還而視之，去而顧之，一旦而馬賈十倍。——改寫自《戰國策》

2.關於這段文字的寫作手法，下列敘述何者最恰當？【自編試題】

　(A) 以內心獨白透露賣馬者的心聲

　(B) 以對比手法暗示常人迷信權威

　(C) 以外觀描摹印證駿馬確為良駒

　(D) 以誇飾手法批判伯樂昧於良心

參考答案：1. D、2. B。

第三節　閱讀策略的綜合應用

閱讀策略的綜合應用是指學生能將統整、分析能力的閱讀策略，靈活組織應用於較複雜的文本。這種綜合閱讀能力的評量多出現在閱讀題組的測驗中。

除此之外，二種閱讀能力的組合常見的還有詮釋＋統整類型的組合，主要是讀者在閱讀過程中先對文意進行基礎閱讀理解後，再統整人物言行細節，從而形成對文本內容的整體性理解。

下文我們將針對統整＋分析、詮釋＋統整二種組合類型，以教學範例（含操作步驟）、學生自我評量二個項目，深入說明。希望教師教學能先模仿操作，再求舉一反三，最後達成創新應用的最高境界。

壹　統整＋分析類型

統整＋分析類型的組合，常見的是統整內容細節＋分析寫作手法／方式。試說明如下。

一　教學範例

這種類型的閱讀策略，常見的操作步驟為基礎閱讀＋統整內容細節＋分析寫作手法／方式，此即為：

1. 基礎閱讀
2. 說分句重點
3. 表格統整人物言行

4.分析順序／組織

5.分析人事物描寫技巧

學生如能將統整內容細節與分析寫作手法／方式的閱讀策略，整合成上述的操作步驟，就能回應此類的閱讀題組試題。

高宗嘗宴大臣，見張循王持扇，有玉孩兒扇墜，上識是舊物，昔往四明，誤墜於水，屢尋不獲，乃詢於張循王，對曰：「臣從清河坊鋪家買得。」召問鋪家，云：「得於提籃人。」復遣問，回奏云：「於候潮門外陳宅廚娘處買得。」又遣問廚娘，云：「破黃花魚腹中得之。」奏聞，上大悅，以為失物復還之兆。鋪家及提籃人補校尉，廚娘封孺人，張循王賞賜甚厚。——改寫自田汝成《西湖遊覽志餘》

1 基礎閱讀

圈補人物

高宗嘗宴大臣，見張循王持扇，有玉孩兒扇墜，

上（高宗）識是舊物，昔往四明，（扇墜）誤墜於水，屢尋
　　不獲，

（高宗）乃詢於張循王，

（張循王）對曰：「臣從清河坊鋪家買得。」

（張循王）召問鋪家，（鋪家）云：「得於提籃人。」

（張循王）復遣（人）問（提籃人），（提籃人）回奏云：
　　「於候潮門外陳宅廚娘處買得。」

（張循王）又遣（人）問廚娘，（廚娘）云：「破黃花魚腹中得之。」

（張循王）奏聞，

上大悅，以為失物復還之兆。

鋪家及提籃人補校尉，廚娘封孺人，張循王賞賜甚厚。

2　說分句重點

高宗嘗宴大臣，見張循王持扇，有玉孩兒扇墜，——高宗見扇墜

上識是舊物，昔往四明，誤墜於水，屢尋不獲，——扇墜是高宗遺失舊物

乃詢於張循王，——高宗向張循王詢問扇墜由來

對曰：「臣從清河坊鋪家買得。」——張循王在清河商鋪購買

召問鋪家，云：「得於提籃人。」——商鋪告知張向提籃人購買

復遣問，回奏云：「於候潮門外陳宅廚娘處買得。」——提籃人告知張向陳宅廚娘購買

又遣問廚娘，云：「破黃花魚腹中得之。」——廚娘告知張在黃魚肚撿到

奏聞，——張循王上奏高宗

上大悅，以為失物復還之兆。——高宗預感舊物將失而復得

鋪家及提籃人補校尉，廚娘封孺人，張循王賞賜甚厚。——高宗得舊物，賞賜相關人員

3 表格統整人物言行

人物	高宗	張循王	商鋪	提籃人	陳宅廚娘
內容	在四明水邊失扇墜	1.在清河商鋪購得扇墜 2.不知是皇上舊物	從提籃人獲得	從陳宅廚娘獲得	從黃魚肚獲得

4 分析順序／組織

敘寫重點	選出細節敘寫最多的場景： □高宗識舊物　☑詢訪歷程　□高宗賞賜
詢訪扇墜的過程	□順推 ☑逆推
對話功能	指明線索，推展情節進行
結構特色	以環環相扣（抽絲剝繭）的方式，鋪展情節

會考試題參考

1. 根據本文的內容，下列敘述何者正確？【會105-45】

(A) 張循王尋回皇上舊物，特意奉還

(B) 高宗遣鋪家尋找失物，屢尋不獲

(C) 廚娘之語，可佐證扇墜曾落水中※

(D) 廚娘得到扇墜，售予清河坊鋪家

2.關於本文的寫作方式，下列敘述何者正確？【會105-46】

(A) 藉對話凸顯故事中所有人物的個性

(B) 以諷喻手法，勸告世人當拾金不昧

(C) 以抽絲剝繭的方式，層層鋪敘情節※

(D) 文末未提故事結局，製造懸疑效果

二　學生自我評量

　　學生熟悉提升統整＋分析能力的閱讀策略後，必須落實於實際的閱讀活動，並能迅速回應統整＋分析能力的相關提問。所以我們安排下列自編試題（會考文言短文統整＋分析的試題不足），方便學生自我監控是否能有效將統整＋分析能力的閱讀策略，靈活運用於題組的閱讀評量。

（一）寶玉

　　田父有耕於野者，得寶玉徑尺，弗知其玉也。以告鄰人，鄰人陰欲圖之，謂之曰：「此怪石也。畜之，弗利其家。」田父雖疑，置於廡下。其夜玉明，光照一室。田父大怖，復以告鄰人。鄰人曰：「此怪之徵，遄棄，殃可銷。」於是遽而棄於遠野。鄰人盜之，以獻魏王。——改寫自《尹文子‧大道上》

1.根據本文的內容，下列敘述何者最恰當？【自編試題】

(A) 田父不識寶玉真正價值

(B) 鄰人騙取寶玉收藏於室

(C) 魏王丟失寶玉復又尋獲

(D) 寶玉曾被多次輾轉買賣

2.關於這段文字的寫作手法，下列敘述何者錯誤？【自編試題】

(A) 描寫寶玉夜間發光暗示價值不斐

(B) 透過田父的無知反襯鄰人的奸詐

(C) 以對話凸顯出鄰人逐步誤導田父

(D) 文末獻王情節暗示鄰人惡有惡報

（二）逆旅奇案

　　有三人舍於逆旅之西屋中。而東屋中，則先有販壺客與有一瞽者同宿。夜半，瞽者聞西屋斧聲，而呻吟聲窸窣聲繼之，大疑，潛呼販壺客醒，語之曰：「君即起而與我爭，佯為喧擾者。」

　　於是店主往勸。瞽者大哭曰：「我以賣卜積得兩緡，今失之，安知非汝等所為？凡居此者當悉搜其箱。」店主慮有意外事，乃婉勸西屋三人，啟箱以釋其惑。三人固不可，眾益疑，謂錢必彼竊，群起迫之。搜其箱，則有血漬殷然之油包各一，啟之，支解之二屍在其中。乃縛之送官，賞瞽者。──改寫自《清稗類鈔》

1.根據本文的內容，下列敘述何者最恰當？【自編試題】

(A) 瞽者最先聽到西屋夜半傳出異聲

(B) 販壺客向店主舉報西屋發生竊案

(C) 搜索過程中丟失的錢財悉數尋回

(D) 西屋三人最終因沒有實證被釋放

2.關於這段文字的寫作方式，下列敘述何者最恰當？【自編試題】

　　(A) 用聽覺描寫渲染情感，表達對死者的同情

　　(B) 聚焦旅社環境的細節描寫，營造懸疑氛圍

　　(C) 以瞽者行動為主軸，逐步揭發命案的始末

　　(D) 透過瞽者與西屋人的對話，顯露人物心理

參考答案：（一）寶玉：1. A、2. D。（二）逆旅奇案：1. A、2. C。

貳　詮釋＋統整類型

　　詮釋＋統整類型的組合，常見的是詮釋＋統整內容細節。試說明如下。

一　教學範例

　　這種類型的閱讀策略，常見的操作步驟為基礎閱讀＋統整內容細節，此即為：

　1.基礎閱讀（以圈補主語、圈說難詞句為主）

　2.說分句重點

　3.表格統整人物言行

　　學生如能將詮釋與統整內容細節的閱讀策略，整合成上述的操作步驟，就能回應此類的閱讀題組試題。

燕泰山太守賈堅屯山荏，荀羨引兵擊之，堅所將才七百餘人，羨兵十倍於堅。堅將出戰，諸將皆曰：「眾少，不如固守。」堅曰：「固守亦不能免，不如戰也。」遂出戰，身先士卒，殺羨兵千餘人，復還入城。羨進攻之，堅歎曰：「吾自結髮，志立功名，而每值窮阨，豈非命乎！與其屈辱而生，不若守節而死。」乃謂將士曰：「今危困，計無所設，卿等可去，吾將止死。」將士皆泣曰：「府君不出，眾亦俱死耳。」堅曰：「今當為卿曹決鬥，若勢不能支，卿等可去，勿復顧我也！」乃開門直出。羨兵四集，堅立馬橋上，左右射之，皆應弦而倒。羨兵眾多，從塹下斫橋，堅人馬俱陷，生擒之，遂拔山荏。——改寫自《資治通鑑》

1　基礎閱讀

圈補人物

燕泰山太守 賈堅 屯山荏，荀羨 引兵擊之（賈堅），

堅 所將才七百餘人，羨兵十倍於 堅 。

堅 將出戰，

諸將 皆曰：「眾 少，不如固守。」

堅 曰：「固守亦不能免，不如戰也。」

（賈堅）遂出戰，身先士卒，殺羨兵千餘人，復還入城。

羨 進攻之，

堅 歎曰：「吾 自結髮，志立功名，而每值窮阨，豈非命乎！

　與其屈辱而生，不若守節而死。」

（賈堅）乃謂 將士 曰：「今危困，計無所設， 卿等 可去， 吾 將止死。」

將士 皆泣曰：「 府君 不出， 眾 亦俱死耳。」

堅 曰：「今（我＝堅）當為 卿曹 決鬥，若勢不能支， 卿等 可 去，勿復顧 我 也！」

（賈堅）乃開門直出。

羨兵 四集， 堅 立馬橋上，左右射之（羨兵），（羨兵）皆應弦 而倒。

羨兵 眾多，從塹下斫橋，

堅 人馬俱陷，（羨兵）生擒之（賈堅），遂拔山荏。

※人物名稱統整

人名	他人稱呼	官銜	自稱
賈堅	府君	燕泰山太守	我、吾
諸將	卿等	將士	眾

圈說難詞句

文言字詞	詞性	詞義
「引」兵	動詞	帶領
所「將」	動詞	率領
每「值」窮阨	動詞	遭遇
「俱」死	副詞	一起
勿復「顧」我	動詞	照應、關注
「左右」射之	副詞	向左、右方
塹下「斫」橋	動詞	砍削

1. 吾自結髮，志立功名，而每值窮阨，豈非命乎！＝我從成年起，便立志建功立業，但總遭遇困境，莫非這就是我的命運。
2. 與其屈辱而生，不若守節而死＝與其苟且偷生，不如堅守節操戰死。
3. 今危困，計無所設，卿等可去，吾將止死＝現在羨兵攻山茌，已經沒有辦法可脫困，你們可逃離求生，我將戰死為止。
4. 堅人馬俱陷，生擒之，遂拔山茌＝賈堅連人帶馬墜落，被羨兵活捉，山茌於是被攻陷了。

2　說分句重點

燕泰山太守賈堅屯山茌，荀羨引兵擊之，──荀羨攻賈堅守護的山茌

堅所將才七百餘人，羨兵十倍於堅。──賈堅與荀羨兵力懸殊

堅將出戰，──賈堅出戰

諸將皆曰：「眾少，不如固守。」──諸將以我方兵力少，勸賈堅留在城內防守

堅曰：「固守亦不能免，不如戰也。」──賈堅認為防守無法解危，不如出戰

遂出戰，身先士卒，殺羨兵千餘人，復還入城。──賈堅出戰，擊殺千餘名羨兵，平安返城

羨進攻之，──荀羨攻城

堅歎曰：「吾自結髮，志立功名，而每值窮阨，豈非命乎！與其屈辱而生，不若守節而死。」──賈堅決定戰死不願投降

乃謂將士曰：「今危困，計無所設，卿等可去，吾將止死。」——賈堅勸將士離城，避免犧牲

將士皆泣曰：「府君不出，眾亦俱死耳。」——將士決定與賈堅共生死

堅曰：「今當為卿曹決鬥，若勢不能支，卿等可去，勿復顧我也！」——賈堅願為將士殺出血路，並叮囑將士逃命優先

乃開門直出。——賈堅衝出城門作戰

羨兵四集，堅立馬橋上，左右射之，皆應弦而倒。——賈堅將馬停在護城河橋上，向左右射箭，射死許多羨兵

羨兵眾多，從塹下斫橋，——羨兵眾多，攻下護城河橋

堅人馬俱陷，生擒之，遂拔山荏。——羨兵生擒賈堅，攻破山荏

3　表格統整人物言行

人物	苟羨	賈堅	諸將
內容	攻山荏	1. 敵眾我寡堅持出城迎戰 2. 成功殺敵返城	主張守城待援
	攻城	1. 寧可死戰不願投降 2. 在護城河橋上應戰 3. 橋斷被生擒	願同生死

會考試題參考

1. 下列文句「　」中語詞的意義,何者說明正確?【會104-47】

   (A) 吾自「結髮」,志立功名:襁褓

   (B) 「府君」不出,眾亦俱死耳:苟羨

   (C) 今當為「卿曹」決鬥:你們※

   (D) 堅立馬橋上,「左右」射之:隨從

2. 根據本文,關於賈堅與苟羨攻守的過程,下列敘述何者正確?【會104-48】

   (A) 賈堅堅持為城守節,力勸眾將死守勿降

   (B) 苟羨設法破壞橋梁,致使賈堅人馬墜落被擒※

   (C) 賈堅佯攻使諸將趁隙出城求援,自己固守城池以待

   (D) 苟羨引兵攻擊,山莊將士畏怯,唯賈堅孤身出城迎戰

二　學生自我評量

　　學生熟悉提升詮釋＋統整能力的閱讀策略後,必須落實於實際的閱讀活動,並能迅速回應詮釋＋統整能力的相關提問。所以我們安排下列試題,方便學生自我監控是否能有效將詮釋＋統整能力的閱讀策略,靈活運用於題組的閱讀評量。

（一）王次仲

王次仲者，以為世之篆文，工多而用寡，難以速就。四海多事，筆札為先，乃變篆籀之體為隸書。秦始皇以次仲所易文簡，其功利於人而召之，三徵入秦，不至。次仲履真懷道，窮數術之美。始皇怒其不恭，令檻車送之。次仲化為大鳥，翻飛出車外，落二翮於峰巒，故有大翮、小翮之名矣。──改寫自《仙傳拾遺》、《水經注》

1. 下列文句（　）中所應填入的主語，何者正確？【會105-47】

(A) （　）工多而用寡──秦始皇

(B) （　）乃變篆籀之體為隸書──筆札

(C) （　）三徵入秦──王次仲

(D) （　）落二翮於峰巒──大鳥

2. 根據本文內容，下列敘述何者正確？【會105-48】

(A) 次仲因擅自改革文字觸怒始皇，而遭逮捕

(B) 始皇過於急功好利，故次仲出走轉而修道

(C) 次仲將篆籀之體改為隸書，方便世人使用

(D) 仙鳥中始皇之箭，落羽成大翮、小翮二山

（二）司馬昭

【甲】

司馬昭專權，帝欲殺之，反為賈充、成濟所害。昭入殿中，召群臣會議。尚書左僕射陳泰不至，昭使其舅尚書荀顗召之，泰曰：「世之論者以泰方於舅，今舅不如泰也。」子弟內外咸共逼之，乃入，見昭，悲慟，昭亦對之泣曰：「卿何以處我？」泰曰：「獨有斬賈充，少可以謝天下耳。」昭久之曰：「卿更思其次。」泰曰：「惟有進於此，不知其次。」昭乃不復更言。──改寫自《資治通鑑·魏紀九》

【乙】

帝崩，內外喧譁。司馬昭問陳泰曰：「何以靜之？」泰云：「唯殺賈充以謝天下。」昭曰：「可復下此否？」對曰：「但見其上，未見其下。」──改寫自《世說新語·方正》

1. 關於甲篇中的人物，下列推論何者最恰當？【會108-47】
   (A) 賈充是司馬昭陣營的人馬
   (B) 陳泰為了救荀顗而見司馬昭
   (C) 司馬昭與陳泰因權臣橫行而對泣
   (D) 眾人認為陳泰應比荀顗早一步進宮

2. 根據甲篇內容，可推測乙篇陳泰所言「但見其上，未見其下」的涵義最可能是下列何者？【會108-48】

(A) 指出賈充屢獲晉升卻未曾被貶官

(B) 認為殺賈充是最起碼的處置方式

(C) 批評司馬昭遇事時未能顧及下屬

(D) 諷刺司馬昭只知媚上卻無法服眾

參考答案：（一）王次仲：1. D、2. C。（二）司馬昭：1. A、2. B。

第四節　小結

　　經過本章的學習，學生將能夠掌握統整和分析能力的閱讀策略，老師如能帶領學生反覆練習上述的操作步驟，並讓學生內化成閱讀習慣，學生必能逐步提升統整、分析等閱讀理解的高階能力。

　　透過統整能力閱讀策略的練習，學生將學會如何整合文本的內容細節，建構出對文本的整體理解。而透過分析能力閱讀策略的把握，學生也能夠剖析文本的敘寫順序與材料組織，並進一步深入鑑賞作者如何透過文字塑造人事物形象。

　　而在二種閱讀能力的組合上，本章除了提出統整｜分析能力的閱讀策略操作步驟，也根據會考試題中較常見的組合類型，提出詮釋＋統整能力的閱讀策略操作步驟，幫助學生先透過基礎閱讀掌握文意，再對人物言行細節進行統整，最終形成對文本內容的整體性理解。

　　未來，儘管面對不熟悉的文本，學生也能嫻熟運用統整＋分析，以及詮釋＋統整能力的閱讀策略，自信進行文意理解，並辨析文本之內容細節與寫作手法，讓自己在閱讀文言記敘短文時更加游刃有餘。

第五章
文言記敘短文閱讀策略的課程設計
——以〈賣油翁〉、〈張釋之執法〉、〈空城計〉為例

　　當把握文言文閱讀策略之後，接下來就可以利用教材引導學生練習運用這些閱讀策略。老師在教學時，可以循序漸進地利用閱讀策略的操作步驟，讓學生練習自己透過這些步驟，進行閱讀理解。以下以〈賣油翁〉、〈張釋之執法〉、〈空城計〉三篇課文為例，引導學生綜合應用閱讀策略，先針對課文，進行閱讀步驟的練習，再根據會考試題的評量重點，設計選擇題型及寫作練習供學生練習。

第一節　〈賣油翁〉課程設計

壹　文本內容

一　課文原文

　　陳康肅公善射，當世無雙，公亦以此自矜。

　　嘗射於家圃，有賣油翁釋擔而立，睨之，久而不去，見其發矢十中八九，但微頷之。

康肅問曰：「汝亦知射乎？吾射不亦精乎？」翁曰：「無他，但手熟爾。」康肅忿然曰：「爾安敢輕吾射！」翁曰：「以我酌油知之。」乃取一葫蘆置於地，以錢覆其口，徐以杓酌油瀝之，自錢孔入，而錢不溼。因曰：「我亦無他，惟手熟爾。」康肅笑而遣之。

二　學習重點

〈賣油翁〉是以第三人稱視角寫成的文言記敘短文，以下透過內容、能力、評量規劃四節課45分鐘*4的學習重點：

表 4-1-1　〈賣油翁〉學習重點規劃表

項目	第一節	第二節	第三節	第四節
內容	段落重點	人物言行與特質	故事結果原因 寫作目的	寫作手法／方式 綜合評量
能力	文言文基礎理解： 1.斷句 2.圈補人物 3.圈說難詞句	推論＋統整理解： 1.說分句重點 2.圈出人物獨特言行 3.思考人物特質	推論理解： 1.簡述故事結果 2.思考故事結果原因 3.思考寫作目的	1.分析寫作手法／方式： （1）分析順序／組織 （2）分析人事物描寫技巧 2.評量： （1）閱讀策略綜合應用 （2）寫作
評量	簡述段落重點	1.表格統整人物言行重點 2.填寫人物特質	填寫結果原因、寫作目的	1.填寫敘寫重點和重要情節發展順序

（續下頁）

項目	第一節	第二節	第三節	第四節
				2.表格分析人事物描寫技巧 3.選擇題練習 4.寫作練習

貳　課程設計

　　根據學習重點的說明，可利用前兩章所提示的閱讀策略操作步驟，進行課程設計。

　　〈賣油翁〉各節次課程規劃重點，簡述如下：

表 4-1-2　〈賣油翁〉課程規劃表

節次	第一節
課程目標	理解文言文表面訊息
設計理念	讓學生自行閱讀文言文，並掌握故事表面訊息
課程設計	教師請學生透過斷句、圈補人物、圈說難詞句，達到文言文表面訊息的基礎理解
預期成果	學生能依不同人物的言行斷句，並簡述重點 學生能圈補句首、省略或代名詞指稱之人物 學生能根據詞語在句中的位置判斷詞性，進而正確判斷詞語或句子意義
節次	第二節
課程目標	統整人物言行 推論人物特質

（續下頁）

設計理念	讓學生藉由陳康肅及賣油翁的言行互動,理解情節及二人不同的特質
課程設計	教師請學生藉陳康肅及賣油翁的言行,說明故事重點 教師請學生圈出人物獨特的言行,比較陳康肅和賣油翁酌油、射箭表現,及二人的評價與心態
預期成果	學生能使用表格統整人物言行重點 學生能找出人物獨特的言行 學生能思考人物特質
節次	**第三節**
課程目標	推論故事結果原因 推論寫作目的
設計理念	讓學生從故事結果,思考作者寫作目的,並反思故事對自己的啟發
課程設計	教師請學生簡述故事結果後,再進一步思考造成故事結果的原因,找出暗示作者寫作目的之線索後,推論作者寫作目的
預期成果	學生能簡述故事結果,思考結果原因 學生能推論寫作目的
節次	**第四節**
課程目標	分析寫作手法／方式 綜合評量
設計理念	讓學生辨識文本敘寫重點及重要情節的發展順序,並分析人事物描寫技巧 教學結束後,教師設計對應閱讀能力的選擇型試題,讓學生熟悉會考的答題模式 讓學生練習記敘故事,寄寓體悟
課程設計	教師請學生選出細節敘寫最多的場景,並梳理該場景中主要情節的發展順序

(續下頁)

	教師請學生分析人事物描寫技巧 教師請學生練習選擇題，並自行更正錯誤答案 教師請學生以「二人言行互動」的模式，寫出一個小故事，並寓含某個生活體悟
預期成果	學生能使用表格分析文本敘寫順序／組織 學生能使用表格分析人事物描寫技巧 學生能正確回答並更正錯誤選項 學生能寫出一個小故事並暗示某個體悟

第一節的課程設計內容

一　文言文基礎理解

　　文言文基礎閱讀理解以斷句、圈補人物、圈說難詞句為具體操作步驟。學生先以人物為核心，進行斷句，並簡述重點。其次能圈出或補寫句子中展現具體言行的人物。最後根據前後文義，說明難詞句義。

（一）斷句

　　陳康肅公善射，當世無雙，公亦以此自矜。──陳康肅背景
　　嘗射於家圃，──陳康肅射箭
　　有賣油翁釋擔而立，睨之，久而不去，──賣油翁專心觀射
　　見其發矢十中八九，但微頷之。──賣油翁讚許
　　康肅問曰：「汝亦知射乎？吾射不亦精乎？」──陳康肅自評
　　翁曰：「無他，但手熟爾。」──賣油翁評價
　　康肅忿然曰：「爾安敢輕吾射！」──陳康肅生氣
　　翁曰：「以我酌油知之。」──賣油翁回覆
　　乃取一葫蘆置於地，以錢覆其口，徐以杓酌油瀝之，自錢孔入，而錢不溼。──賣油翁酌油
　　因曰：「我亦無他，惟手熟爾。」──賣油翁評價
　　康肅笑而遣之。──陳康肅不再生氣

（二）圈補人物

陳康肅公善射，當世無雙，公亦以此自矜。

（陳康肅）嘗射於家圃，

有賣油翁釋擔而立，睨之，久而不去，

（賣油翁）見其（陳康肅）發矢十中八九，但微頷之。

康肅問（賣油翁）曰：「汝亦知射乎？吾射不亦精乎？」

翁曰：「無他，但手熟爾。」

康肅忿然曰：「爾安敢輕吾射！」

翁曰：「以我酌油知之。」

（賣油翁）乃取一葫蘆置於地，以錢覆其口，徐以杓酌油瀝
　　　之，自錢孔入，而錢不溼。

（賣油翁）因曰：「我亦無他，惟手熟爾。」

康肅笑而遣之（賣油翁）。

（三）圈說難詞句

陳康肅公善射，當世無雙，公亦以此自矜。

嘗射於家圃，

有賣油翁釋擔而立，睨之，久而不去，

見其發矢十中八九，但微頷之。

康肅問曰：「汝亦知射乎？吾射不亦精乎？」

翁曰：「無他，但手熟爾。」

康肅忿然曰：「爾安敢輕吾射！」

翁曰：「以我酌油知之。」

乃取一葫蘆置於地，以錢覆其口，徐以杓酌油瀝之，自錢孔
　　入，而錢不溼。
因曰：「我亦無他，惟手熟爾。」
康肅笑而遣之。

文言字詞	詞性	詞義
睨之	動詞＋代名詞	認真看陳康肅射箭
微頷	副詞＋動詞	輕輕點頭
「但」手熟	副詞	只是
以我酌油知「之」	代名詞	「無他，但／惟手熟爾」的道理
「遣」之	動詞	打發離去

1. 汝亦知射乎？吾射不亦精乎＝你也懂得射箭嗎？我的射箭技
　 術還算高明吧？
2. 無他，但手熟爾＝沒什麼特別之處，只是熟練而已。

第二節的課程設計內容

一　統整內容細節

　　統整內容細節包括請學生簡述分句重點，再以表格統整人物言行重點。

（一）說分句重點

陳康肅公善射，當世無雙，公亦以此自矜。──陳康肅自滿
　　　射箭技術佳

嘗射於家圃，──陳康肅在家中場地練習射箭

有賣油翁釋擔而立，睨之，久而不去，──賣油翁專心觀察

見其發矢十中八九，但微頷之。──賣油翁微微讚許陳康肅
　　　的射箭技術

康肅問曰：「汝亦知射乎？吾射不亦精乎？」──陳康肅自
　　　誇射箭技術

翁曰：「無他，但手熟爾。」──賣油翁評價只是熟練而已

康肅忿然曰：「爾安敢輕吾射！」──陳康肅生氣賣油翁輕
　　　視自己

翁曰：「以我酌油知之。」──賣油翁平靜回答

乃取一葫蘆置於地，以錢覆其口，徐以杓酌油瀝之，自錢孔
　　　入，而錢不溼。──賣油翁酌油而錢孔不溼

因曰：「我亦無他，惟手熟爾。」──賣油翁評價只是熟練

康肅笑而遣之。──陳康肅不再生氣

（二）表格統整人物言行重點

人物	陳康肅	賣油翁
內容	1.自誇射箭技術佳 2.生氣賣油翁輕視射箭技術 3.不再生氣賣油翁的輕視	1.專心觀察陳康肅射箭 2.讚許陳康肅射箭技術（也可能思考如何協助他突破技術瓶頸） 3.評價陳康肅射箭技術：只是熟練而已 4.自評酌油技術：熟練而已

二　推論人物特質

　　推論人物特質的重點：先找出人物獨特的言語及行為，再根據人物獨特的言行，說明其抽象的特質。

（一）圈出獨特言行

陳康肅

　　　　康肅問曰：「汝亦知射乎？吾射不亦精乎？」

　　　　翁曰：「無他，但手熟爾。」

　　　　康肅忿然曰：「爾安敢輕吾射！」

陳康肅的表現，可以看出他對自己射箭能（十中八九），感到（自負／得意），對賣油翁的平淡反應，感到（生氣／憤怒）。

賣油翁

> 有賣油翁釋擔而立，睨之，久而不去，
> 見其發矢十中八九，但微頷之。
> 康肅問曰：「汝亦知射乎？吾射不亦精乎？」
> 翁曰：「無他，但手熟爾。」
> 康肅忿然曰：「爾安敢輕吾射！」
> 翁曰：「以我酌油知之。」
> 乃取一葫蘆置於地，以錢覆其口，徐以杓酌油瀝之，自錢
> 孔入，而錢不溼。
> 因曰：「我亦無他，惟手熟爾。」

賣油翁的表現，可以看出他（專心／認真）觀看陳康肅射箭。他對陳康肅的射箭技術（沒有）過多讚美。他對自己（酌油）表現，也認為只是（熟練），不值得（誇耀／驕傲）。

（二）表格比較人物

人物	技能	技術	態度
陳康肅	射箭	十中八九（偶有失誤）	驕傲
賣油翁	酌油	錢孔不溼（零失誤）	平淡

（三）思考人物特質

根據陳康肅的言行，我認為他具有（　　　）的特質。
根據賣油翁的言行，我認為他具有（　　　）的特質。
括號內容可讓學生自由發揮。
參考答案：
陳康肅：驕傲自大、炫技浮躁
賣油翁：自信從容、沉著有智慧

第三節的課程設計內容

一　推論故事結果原因

推論故事結果原因重點：先找出故事的結果，再根據文中線索，推論造成故事結果的原因。

（一）簡述故事結果

陳康肅看到賣油翁表演酌油絕技後，笑而遣之。

（二）思考結果原因

陳康肅「笑而遣之」的原因：

他發現賣油翁的（酌油）技術的確比自己的（射箭）技術（更）高明，但他也認為自己只是（手熟）而已。此時陳康肅見識到賣油翁這位技術達人的（高明／精熟）技術，及他對自己技術（謙卑）的態度，所以用笑而遣之的行為，表達他對賣油翁（敬佩／讚賞）。

二　推論寫作目的

推論作者寫作目的：從故事的重點中，找出與作者寫作目的相關之線索，再根據這些線索推論出作者抽象的寫作目的。

（一）圈出寫作目的線索

1　有賣油翁釋擔而立，睨之，久而不去，
　　見其發矢十中八九，但微頷之。

　　賣油翁「微頷」的原因：他發現康肅的射箭都只能「十中八九」，還有再中（一二）的改善空間，所以只是微頷，並沒有特別讚許。

2　乃取一葫蘆置於地，以錢覆其口，徐以杓酌油瀝之，自錢
　　孔入，而錢不溼。因曰：「我亦無他，惟手熟爾。」

　　賣油翁藉由酌油技術想暗示陳康肅什麼？
　　他的射箭技術仍有改善空間，所以應該繼續（努力／練習），不可自滿，停止進步。

（二）思考寫作目的

　　藉賣油翁與陳康肅的對比，作者想說明什麼？
　　任何人要想讓自己的技術更精進或突破瓶頸，必須先養成（謙虛／不自滿）的態度，才能繼續（努力），讓自己的技術更（精進／進步）。

第四節的課程設計內容

一　分析寫作手法／方式

　　分析寫作手法／方式重點：請學生分析敘寫的順序和材料的組織，並以表格分析人事物描寫技巧。

（一）分析順序／組織

敘寫重點	選出細節敘寫最多的場景： □觀陳康肅射箭 □評陳康肅射箭 ☑酌油自評
賣油翁酌油自評順序	☑順敘 □倒敘

（二）分析人事物描寫技巧

人物	陳康肅	賣油翁
言行／外貌 （塑造對比）	射箭十中八九 自評射箭技術佳	酌油零失誤 自評酌油手熟

（續下頁）

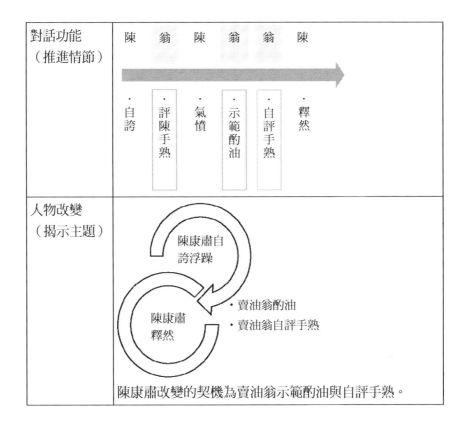

對話功能 （推進情節）	陳　　翁　　陳　　翁　　翁　　陳
	·自誇　·評陳手熟　·氣憤　·示範酌油　·自評手熟　·釋然
人物改變 （揭示主題）	陳康肅改變的契機為賣油翁示範酌油與自評手熟。

二　評量試題設計

　　學生在熟悉閱讀策略後，應能有效回應詮釋、推論、統整、分析能力的相關提問。所以我們設計下列試題，引導學生透過練習試題，監控自己運用閱讀策略的情形。學生作答時必須更正錯誤答案，以便確認是否正確理解。

基礎閱讀——詮釋

1. 下列文句「」中字的意義說明，何者最恰當？
   (A) 「睨」之：斜眼輕視
   (B) 微「頷」：搖頭
   (C) 「但」手熟：只是※
   (D) 笑而「遣」之：派遣

推論人物特質

2. 根據本文的敘述，可推知賣油翁具有何種特質？
   (A) 輕慢自傲
   (B) 不拘小節
   (C) 沉穩謙虛※
   (D) 嚴以律己

推論故事結果原因

3. 根據本文，陳康肅「笑而遣之」的原因，**最不可能**是下列何者？
   (A) 體悟到賣油翁酌油技高一籌
   (B) 接受賣油翁真誠致歉的心意※
   (C) 認清反思自己技不如人的原因
   (D) 對賣油翁提供的教誨心有所悟

推論寫作目的

4. 這則故事所說明的道理，與下列何者最接近？

(A) 惡語傷人六月寒

(B) 積善人家慶有餘

(C) 橫眉冷對千夫指

(D) 持其志無暴其氣※

統整內容細節

5. 根據本文的內容，下列敘述何者最恰當？

(A) 賣油翁因如實評價陳康肅的射箭技藝而受驅逐

(B) 賣油翁以從容酌油之柔，化解陳康肅剛傲之氣※

(C) 陳康肅見賣油翁年高德劭，故奉為上賓禮敬之

(D) 陳康肅射箭技藝經賣油翁指點啟發後突飛猛進

分析寫作手法／方式

6. 關於本文的寫作手法，下列敘述何者錯誤？

(A) 詳寫賣油翁的酌油技巧，凸顯熟能生巧的道理

(B) 透過二位人物一來一往的對話，推進故事發展

(C) 以陳康肅前後態度轉變，揭示他有所體悟成長

(D) 藉賣油翁真心的讚許，烘托陳康肅的當世無雙※

三 寫作練習

　　教師請學生以「二人言行互動」的模式，寫出一個小故事，並寓含某個生活體悟。

　　※評分標準：故事需有二人言行互動，故事需具某體悟的暗示性。

※評分等第：

級分	說明
3	人物言行生動，情節發展流暢，體悟和故事的關聯性適當。結構合理，文辭暢達。
2	人物言行尚可，情節發展平淡，體悟和故事的關聯性尚可。結構完整，文辭普通。
1	人物言行簡單，情節發展凌亂，體悟和故事的關聯性無關。結構不完整，文辭簡陋。

第二節　〈張釋之執法〉課程設計

壹　文本內容

一　課文原文

　　釋之為廷尉。上行，出中渭橋，有一人從橋下走出，乘輿馬驚。於是使騎捕，屬之廷尉。釋之治問。曰：「縣人來，聞蹕，匿橋下。久之，以為行已過，即出，見乘輿車騎即走耳。」廷尉奏當，一人犯蹕，當罰金。

　　文帝怒曰：「此人親驚吾馬，吾馬賴柔和，令他馬，固不敗傷我乎？而廷尉乃當之罰金！」

　　釋之曰：「法者，天子所與天下公共也。今法如此而更重之，是法不信於民也。且方其時，上使立誅之則已。今既下廷尉，廷尉，天下之平也，一傾而天下用法皆為輕重，民安所錯其手足？唯陛下察之。」良久，上曰：「廷尉當是也。」

二　學習重點

　　〈張釋之執法〉是以第三人稱視角寫成的文言記敘短文，以下透過內容、能力、評量規劃四節課45分鐘*4的學習重點：

表 4-2-1 〈張釋之執法〉學習重點規劃表

項目	第一節	第二節	第三節	第四節
內容	段落重點 （第一段）	段落重點 （第二、三段） 人物言行與特質	故事結果原因 寫作目的	寫作手法／ 方式 綜合評量
能力	1.文言文基礎理解： (1)斷句 (2)圈補人物 (3)圈說難詞句 2.推論理解 (1)簡述犯蹕事件結果 (2)思考犯蹕事件結果原因	1.文言文基礎理解： (1)斷句 (2)圈補人物 (3)圈說難詞句 2.推論＋統整理解： (1)說分句重點 (2)圈出人物獨特言行 (3)思考人物特質	推論理解： 1.簡述故事結果 2.思考故事結果原因 3.思考寫作目的	1.分析寫作手法／方式： (1)分析順序／組織 (2)分析人事物描寫技巧 2.評量： (1)閱讀策略綜合應用 (2)寫作
評量	1.重述段落內容 2.填寫結果原因	1.重述段落內容 2.表格統整人物言行重點 3.填寫人物特質	填寫結果原因、寫作目的	1.填寫敘寫重點和重要情節發展順序 2.表格分析人事物描寫技巧 3.選擇題練習 4.寫作練習

貳　課程設計

　　根據學習重點的說明，可利用前兩章所提示的閱讀策略操作步驟，進行課程設計。

　　〈張釋之執法〉各節次課程規劃重點，簡述如下：

表 4-2-2　〈張釋之執法〉課程規劃表

節次	第一節
課程目標	理解文言文表面訊息 推論犯蹕事件結果原因
設計理念	讓學生自行閱讀文言文，並掌握故事表面訊息 讓學生藉由作者描述及縣人供詞，理解犯蹕事件重點、結果和原因
課程設計	教師請學生透過斷句、圈補人物、圈說難詞句，達到文言文段落內容的基礎理解 教師請學生簡述犯蹕事件結果後，再進一步思考造成事件結果的原因
預期成果	學生能依不同人物的言行斷句，並簡述重點 學生能圈補句首、省略或代名詞指稱之人物 學生能根據詞語在句中的位置判斷詞性，進而正確判斷詞語或句子意義 學生能簡述犯蹕事件結果 學生能推論事件結果原因
節次	第二節
課程目標	理解文言文表面訊息 統整人物言行 推論人物特質

（續下頁）

設計理念	讓學生藉由張釋之和文帝的言語互動，理解二人不同的主張和特質
課程設計	教師請學生透過斷句、圈補人物、圈說難詞句，達到文言文段落內容的基礎理解 教師請學生透過圈出人物獨特的言行，比較張釋之和文帝不同的主張、原因，及二人的特質
預期成果	學生能依不同人物的言行斷句，並簡述重點 學生能圈補句首、省略或代名詞指稱之人物 學生能根據詞語在句中的位置判斷詞性，進而正確判斷詞語或句子意義 學生能使用表格統整人物言行重點 學生能找出人物獨特的言行 學生能思考人物特質
節次	**第三節**
課程目標	推論故事結果原因 推論寫作目的
設計理念	讓學生從故事結果，思考作者寫作目的，並反思故事對自己的啟發
課程設計	教師請學生簡述故事結果後，再進一步思考產生故事結果的原因，並找出暗示作者寫作目的之線索後，推論作者寫作目的
預期成果	學生能簡述故事結果，思考結果原因 學生能推論寫作目的
節次	**第四節**
課程目標	分析寫作手法／方式 綜合評量

（續下頁）

設計理念	讓學生辨識文本敘寫重點及重要情節的發展順序，並分析人事物描寫技巧
	教學結束後，教師設計對應閱讀能力的選擇型試題，讓學生熟悉會考的答題模式
	讓學生練習讚美他人主張後，提出自己的主張與對對方正面的影響，說服他人
課程設計	教師請學生選出細節敘寫最多的場景，並梳理該場景中主要情節的發展順序
	教師請學生分析人事物描寫技巧
	教師請學生練習選擇題，並自行更正錯誤答案
	教師提供學生寫作架構，請學生練習遊說策略
預期成果	學生能使用表格分析文本敘寫順序／組織
	學生能使用表格分析人事物描寫技巧
	學生能正確回答並更正錯誤選項
	學生能讚美他人主張，並提出自己的主張，達成說服效果

第一節的課程設計內容

一　文言文基礎理解

　　文言文基礎閱讀理解以斷句、圈補人物、圈說難詞句為具體操作步驟。學生在以人物為核心進行斷句後，還能對人物在不同地點的行為進行斷句。接著，圈出或補寫句子中展現出具體言行的人物，並根據前後文義，說明難詞句義。

（一）斷句

釋之為廷尉。──張釋之身分

上行，出中渭橋，──皇上過中渭橋

有一人從橋下走出，──有人從中渭橋出來

乘輿馬驚。──御馬受驚

於是使騎捕，屬之廷尉。──文帝派人抓驚馬者，交給廷尉

釋之治問。──張釋之審問

曰：「縣人來，聞蹕，匿橋下。──我來皇城，聽聞交通管
　　制，躲橋下

久之，以為行已過，即出，──等很久，以為皇帝車隊已過
　　去，趕緊出來

見乘輿車騎即走耳。」──見到皇帝車隊就趕緊離開

廷尉奏當，一人犯蹕，當罰金。──張釋之判決

（二）圈補人物

釋之 為廷尉。

上＝（文帝）行，（文帝）出中渭橋，

有 一人 從橋下走出，

乘輿馬驚。

於是（文帝）使騎捕（縣人），（文帝）屬之（縣人） 廷尉 。

釋之 治問（縣人）。

（縣人）曰：「 縣人 來，聞蹕，匿橋下。

久之，以為行已過，即出，

見乘輿車騎即走耳。」

廷尉（向文帝） 奏當，一人犯蹕，當（之＝縣人）罰金。

（三）圈說難詞句

釋之為廷尉。

上行，出中渭橋，

有一人從橋下走出，

乘輿馬驚。

於是使騎捕，屬之廷尉。

釋之治問。

曰：「縣人來，聞蹕，匿橋下。

久之，以為行已過，即出，

見乘輿車騎即走耳。」

廷尉奏當，一人犯蹕，當罰金。

文言字詞	詞性	詞義
「出」中渭橋	動詞	離開
「屬」之廷尉	動詞	交付
即「走」耳	動詞	奔跑
奏「當」	名詞	斷罪判決
「當」罰金	動詞	斷罪判決

1. 縣人來，聞蹕，匿橋下＝縣民經過中渭橋，聽到皇帝出巡的交通管制，就立刻走避到橋下。
2. 久之，以為行已過，即出＝過了很久，（我＝縣民）以為皇帝車駕已經過去了，就趕快出來。
3. 見乘輿車騎即走耳。＝一出來就撞見皇帝車駕，我立刻就跑開了。

二 推論事件結果原因

推論事件結果原因重點：先找出事件的結果，再根據文中線索，推論造成事件結果的原因。

（一）簡述事件結果

皇帝將縣民交給廷尉審理。

廷尉判決縣民應繳納罰金。

（二）思考結果原因

1　皇帝將縣民交給廷尉審理的原因

縣民行為：

衝撞御馬又立刻逃走。

皇帝感受：

他這樣莽撞，害我差點（嚇死），我的（御馬）不知有沒有受傷。

皇帝決定：

讓廷尉來判決吧，他一定會好好幫（我）出這口氣。

2　廷尉判決縣民「繳納罰金」的原因

縣民行為：

1. 聽聞有交通管制後，立即（走避到橋下）。
2. 等待（很久）才跑出來。
3. 一撞見皇帝的車駕，就（立刻離開）。

廷尉判斷：

他沒有（加害）皇帝的意圖。

廷尉判決：

縣民違反了（皇帝）出巡，（行人）迴避的規定，判決他應繳納罰金。

第二節的課程設計內容

一 文言文基礎理解

文言文基礎閱讀理解以斷句、圈補人物、圈說難詞句為具體操作步驟。學生在以人物為核心進行斷句後，能圈出或補寫句子中展現出具體言行的人物，並根據前後文義，說明難詞句義。

（一）斷句

文帝怒曰：「此人親驚吾馬，──縣民犯錯

吾馬賴柔和，──御馬性情

令他馬，固不敗傷我乎？──文帝認為自己可能受傷

而廷尉乃當之罰金！」──文帝不滿意廷尉判決

釋之曰：「法者，天子所與天下公共也。──說明法律適用　　對象

今法如此而更重之，是法不信於民也。──說明判案要遵守　　法律

且方其時，上使立誅之則已。──文帝可當場處死犯人

今既下廷尉，──文帝將犯人送交廷尉審理

廷尉，天下之平也，──廷尉職責

一傾而天下用法皆為輕重，──廷尉審判不公，其他執法者　　會效法

民安所錯其手足？──審判不公會讓百姓生活痛苦

唯陛下察之。」──請文帝三思

良久，上曰：「廷尉當是也。」──文帝同意廷尉判決

（二）圈補人物

　　文帝 怒曰：「此人 親驚吾馬，

　　吾馬賴柔和，

　　令他馬，固不敗傷我乎？

　　而 廷尉 乃當之（縣人）罰金！」

　　釋之 曰：「法者，天子所與天下（人）公共也。

　　今法如此而（廷尉〔判決〕）更重之，是（廷尉使）法不信
　　　　於民也。

　　且方其時，上 使（侍衛）立誅之（縣人）則已。

　　今（陛下＝文帝）既（將縣人）下 廷尉，

　　廷尉，天下之平也，（廷尉〔判案〕）一傾而天下用法（者）
　　　　皆為輕（〔判〕權貴）重（〔判〕人民），

　　民 安所錯其手足？

　　唯 陛下 察之。」

　　良久，上 曰：「廷尉 當是也。」

※人物名稱統整

人物	官銜	他人尊稱	書寫尊稱
張釋之	廷尉		
文帝	皇帝	陛下	上

（三）圈說難詞句

　　文帝怒曰：「此人親驚吾馬，

　　吾馬賴柔和，

令他馬，固不敗傷我乎？

而廷尉乃當之罰金！」

釋之曰：「法者，天子所與天下公共也。

今法如此而更重之，是法不信於民也。

且方其時，上使立誅之則已。

今既下廷尉，

廷尉，天下之平也，

一傾而天下用法皆為輕重，

民安所錯其手足？

唯陛下察之。」

良久，上曰：「廷尉當是也。」

文言字詞	詞性	詞義
「賴」柔和	副詞	幸虧
「固」不敗	副詞	豈、難道
天子所「與」	動詞	頒布
既「下」廷尉	動詞	交付

1. 法者，天子所與天下公共也＝皇帝頒布法律，讓天下人民共同遵守。

2. 今法如此而更重之，是法不信於民也＝如果廷尉審判時加重法律規範的刑罰，人民就無法信任法律。

3. 廷尉，天下之平也＝廷尉審判必須公正。

4. 一傾而天下用法皆為輕重＝一旦廷尉判案有所偏頗，則所有審判者就會以此判例為依據，減輕／加重刑罰。

5. 民安所錯其手足＝如此，人民就無法受到法律保護而受苦。

二　統整內容細節

　　統整內容細節包括請學生簡述分句重點，再以表格統整人物言行重點。

（一）說分句重點

釋之為廷尉。──張釋之擔任廷尉

上行，出中渭橋，有一人從橋下走出，乘輿馬驚。──縣民
　　驚嚇御馬

於是使騎捕，屬之廷尉。──文帝下令抓捕縣民交給廷尉審理

釋之治問。──張釋之審理縣民

曰：「縣人來，聞蹕，匿橋下。久之，以為行已過，即出，
　　見乘輿車騎即走耳。」──縣民說明自己犯蹕是意外

廷尉奏當，一人犯蹕，當罰金。──廷尉判決縣民應繳納罰金

文帝怒曰：「此人親驚吾馬，吾馬賴柔和，令他馬，固不敗
　　傷我乎？而廷尉乃當之罰金！」──文帝生氣廷尉判決
　　太輕

釋之曰：「法者，天子所與天下公共也。──所有人都必須
　　遵守皇帝頒布的法令

今法如此而更重之，是法不信於民也。──廷尉隨意加重刑
　　罰，會讓人民不信任法律

且方其時，上使立誅之則已。──皇帝如果想判縣民重刑，
　　可當場處死他

今既下廷尉，廷尉，天下之平也，一傾而天下用法皆為輕
　　重，民安所錯其手足？──廷尉判決不公，會對人民生
　　活造成負面影響

唯陛下察之。」——希望文帝仔細衡量

良久，上曰：「廷尉當是也。」——文帝考慮很久，接受廷
尉判決

（二）表格統整人物言行重點

人物	張釋之	文帝
內容	**判決**：縣民應繳納罰金 **理由**：犯蹕只是意外 **解釋**： 1.廷尉判案需守法 2.廷尉判案要公正，不可加重百姓刑罰 3.只有皇帝可以不守法	不同意廷尉判決 **理由**：判決太輕 聽完廷尉解釋 文帝同意廷尉的判決 **理由**：廷尉守法且關心百姓

三 推論人物特質

推論人物特質的重點：先找出人物獨特的言語及行為，再根據人物獨特的言行，說明其抽象的特質。

（一）圈出獨特言行

文帝

上行，出中渭橋，有一人從橋下走出，乘輿馬驚。於是使
騎捕，屬之廷尉。

文帝怒曰：「此人親驚吾馬，吾馬賴柔和，令他馬，固不
敗傷我乎？而廷尉乃當之罰金！」

良久，上曰：「廷尉當是也。」

文帝的表現：他認為（縣民）有過失，應判（重刑），但自己（不願意）這樣做，所以送交（廷尉）審理。

廷尉的判決（太輕），他非常（生氣），經過廷尉解釋後，他考慮了很久，最後決定（接受）廷尉的判決。

張釋之

廷尉奏當，一人犯蹕，當罰金。

釋之曰：「法者，天子所與天下公共也。今法如此而更重之，是法不信於民也。且方其時，上使立誅之則已。今既下廷尉，廷尉，天下之平也，一傾而天下用法皆為輕重，民安所錯其手足？唯陛下察之。」

張釋之的表現：他根據縣民說法，知道只是一個（交通／意外）事故，所以判他繳（罰金）。他面對文帝的怒氣，仍堅持廷尉判案要遵守（法律），不可任意加重（刑罰），這樣人民才能受到（法律）保障。

（二）表格比較人物

人物	主張	原因
文帝	加重刑罰	1.縣民驚嚇御馬，可能危害自己 2.自己生命珍貴，縣民死不足惜
張釋之	依法判決	1.尊重法律：廷尉判決要遵守法律，人民才能信任法律 2.判決公正：廷尉判案不能加重刑罰，才能保護百姓 3.法律特權：只有皇帝才能不依法處理任何人

（三）思考人物特質

根據張釋之的言行，我認為他具有（　　　）的特質。

根據文帝的言行，我認為他具有（　　　）的特質。

括號內容可讓學生自由發揮。

參考答案：

張釋之：遵守法律、執法公正、愛護百姓

文帝：察納雅言、自我反省

第三節的課程設計內容

一　推論故事結果原因

推論故事結果原因重點：先找出故事的結果，再根據文中線索，推論造成故事結果的原因。

（一）簡述故事結果

文帝考慮良久後，決定接受廷尉的判決。

（二）思考結果原因

文帝「接受廷尉判決」的原因：
他認為廷尉強調尊重（法律），判決（公正）的看法，很有道理。

二　推論寫作目的

推論作者寫作目的：從故事的重點中，找出與作者寫作目的相關之線索，再根據這些線索推論出作者抽象的寫作目的。

（一）圈出寫作目的線索

良久，上曰：「廷尉當是也。」

皇帝思考很久，主要在考慮什麼？
皇帝內心交織著愛（自己）與愛（百姓）何者重要的掙扎。

（二）思考寫作目的

作者為何要強調皇帝思考很久才接受張釋之的判決？
皇帝經過激烈的內心爭辯後，理性思考占了上風，讓他決定放下（私心），接受廷尉判決。作者想表達皇帝內心的掙扎與最後決定的可貴，所以強調良久這個細節讓讀者有較深刻的體會。

第四節的課程設計內容

一　分析寫作手法／方式

　　分析寫作手法／方式重點：請學生分析敘寫的順序和材料的組織，並以表格分析人事物描寫技巧。

（一）分析順序／組織

敘寫重點	選出細節敘寫最多的場景： □犯蹕事件發生 □廷尉審理犯蹕事件 □文帝希望重判縣民 ☑廷尉說服文帝
廷尉說服文帝的 邏輯順序	**1. 陳述自己主張** 　（1）判決須守法公正 　（2）不守法判決有不利影響 **2. 回應對方主張** 　解釋皇帝錯過行使特權的時機 **3. 強調自己職責** 　（1）廷尉判決要公正 　（2）廷尉判決不公有不利影響 **4. 懇請對方考慮自己的主張**

（二）分析人事物描寫技巧

人物	張釋之	文帝
言行／外貌	仔細查問事發經過 判決縣民犯蹕須罰金 理性陳述依法判決的主張	要求張釋之重判縣民 思考很久後接受張釋之的判決
人物改變 （揭示主題）	 文帝改變想法的契機為認同張釋之依法判決的主張。	

二　評量試題設計

　　學生在熟悉閱讀策略後，應能有效回應詮釋、推論、統整、分析能力的相關提問。所以我們設計下列試題，引導學生透過練習試題，監控自己運用閱讀策略的情形。學生作答時必須更正錯誤答案，以便確認是否正確理解。

基礎理解——詮釋

1. 下列文句的解說，何者最恰當？
   (A) 見乘輿車騎即走耳：一看見皇帝的車駕就立刻跑上前
   (B) 令他馬，固不敗傷我乎：驅使其他柔順的馬，應該就不會弄傷我了吧
   (C) 一人犯蹕，當罰金：這個人犯了皇帝出巡時交通管制的規定，應該將獎金充公
   (D) 一傾而天下用法皆為輕重：若廷尉判案不公正，則天下審判者皆會以此為依據偏袒權貴、重判人民※

推論人物特質

2. 根據本文的敘述，可推知張釋之的為人如何？
   (A) 寬厚仁慈，左右逢源
   (B) 公正執法，據理直言※
   (C) 適時變通，不拘小節
   (D) 謹小慎微，瞻前顧後

推論故事結果原因

3. 根據文本，文帝將犯蹕者交給廷尉審理的原因，<u>最不可能</u>是下列何者？
   (A) 表現自己尊重法律的形象
   (B) 期待廷尉會依法輕判縣民※
   (C) 相信廷尉能體貼自己的心意
   (D) 不願親自重判縣民傷害形象

推論寫作目的

4. 作者在文末強調「文帝考慮良久」，他的目的最可能想描寫文帝的何種心思？

(A) 內心進行愛百姓與愛自己的交戰※

(B) 故作姿態，刻意隱藏真實的想法

(C) 擔心受誤導做出錯誤決策而遲疑

(D) 想兼採各方意見，以達廣泛共識

統整內容細節

5. 關於縣民行為的敘述，下列何者最恰當？

(A) 特意在中渭橋等候想親睹龍顏

(B) 未能及時依交通管制規定走避

(C) 驚嚇文帝的御馬純屬無心過失※

(D) 回答審問時滔滔不絕據理力爭

分析寫作手法／方式

6. 關於本文的寫作方式，下列敘述何者最恰當？

(A) 藉張釋之的回應論述，表現其以理服人的清晰思維※

(B) 詳細描寫文帝的情緒反應，凸顯升斗小民苦不堪言

(C) 透過人物平淡無奇的對話，反襯出結局逆轉的驚喜

(D) 先引縣民供述，再客觀敘事，使讀者理解事件全貌

三　寫作練習

教師以燭之武退秦師的小故事作為例子，引導學生進行寫作。

秦、晉聯手圍攻鄭國，鄭國的燭之武趁夜冒險前往秦國，遊說秦君放過鄭國，燭之武向秦君說：

> 秦、晉圍攻鄭國，希望均分鄭國國土。若滅鄭能幫助秦國強大，我們勉強同意。
>
> 但是請您想想看：秦國與鄭國相距遙遠，晉國卻與鄭國緊密相接。您隔著晉國很難控制鄭國的土地，最後鄭國一定會全部落入晉國手中。
>
> 如果您這次放過鄭國，您可以在東方多一個盟友，我們也很樂意支援貴國在東方的活動。所以不攻打鄭國，對貴國反而更有利啊！

燭之武遊說秦君的言語中，有以下的重點與順序：

1. 讚揚對方主張的優點
2. 提醒對方可能的疏漏
3. 請對方考慮自己的主張
4. 說明自己的主張能為對方帶來的好處

請根據上述重點與順序，練習寫一段說服他人的文字。

※評分標準：能對他人立場表達讚揚，並提出自己的主張與對對方正面的影響。

※評分等第：

級　分	說明
3	能讚美對方主張的優點，並清晰陳述自己的主張，強調主張對對方的好處。結構嚴謹，文辭精練。
2	能讚美對方，並陳述自己的主張，亦能提及主張對對方的好處。結構尚可，文辭普通。
1	不能讚美對方，陳述主張含糊不清，無法說清主張對對方的影響。結構鬆散，文辭簡陋。

第三節 〈空城計〉課程設計

壹 文本內容

一 課文原文

　　孔明分撥已定，先引五千兵去西城縣搬運糧草。忽然十餘次飛馬報到，說司馬懿引大軍十五萬，望西城蜂擁而來。時孔明身邊並無大將，止有一班文官；所引五千軍，已分一半先運糧草去了，只剩二千五百軍在城中。眾官聽得這消息，盡皆失色。

　　孔明登城望之，果然塵土沖天，魏兵分兩路望西城縣殺來。孔明傳令：眾將旌旗盡皆藏匿；諸軍各守城鋪，如有妄行出入，及高聲言語者，立斬；大開四門，每一門上用二十軍士，扮作百姓，灑掃街道；如魏兵到時，不可擅動，吾自有計。孔明乃披鶴氅，戴綸巾，引二小童，攜琴一張，於城上敵樓前，凭欄而坐，焚香操琴。

　　卻說司馬懿前軍哨到城下，見了如此模樣，皆不敢進，急報與司馬懿。懿笑而不信，遂止住三軍，自飛馬遠遠望之，果見孔明坐於城樓之上，笑容可掬，焚香操琴。左有一童子，手捧寶劍；右有一童子，手執塵尾；城門內外有二十餘百姓，低頭灑掃，旁若無人。

　　懿看畢，大疑，便到中軍，教後軍作前軍，前軍作後軍，望北山路而退。次子司馬昭曰：「莫非諸葛亮無軍，故作此態，父親何故便退兵？」懿曰：「亮平生謹慎，不曾弄險。今大開城

門，必有埋伏。我軍若進，中其計也，汝輩焉知？宜速退。」

　　於是兩路兵盡皆退去，孔明見魏軍遠去，撫掌而笑。眾官無不駭然，乃問孔明曰：「司馬懿乃魏之名將，今統十五萬精兵到此，見了丞相，便速退去，何也？」孔明曰：「此人料吾平生謹慎，必不弄險；見如此模樣，疑有伏兵，所以退去。吾非行險，蓋因不得已而用之。此人必引軍投山北小路去也。吾已令興、苞二人在彼等候。」

　　眾皆驚服，曰：「丞相玄機，神鬼莫測。若某等之見，必棄城而走矣。」孔明曰：「吾兵止有二千五百，若棄城而走，必不能遠遁。得不為司馬懿所擒乎？」言訖，拍手大笑，曰：「吾若為司馬懿，必不便退也。」

二　學習重點

　　〈空城計〉是以第三人稱視角寫成的文言記敘短文，以下透過內容、能力、評量規劃四節課45分鐘*4的學習重點：

表 4-3-1　〈空城計〉學習重點規劃表

項目	第一節	第二節	第三節	第四節
內容	段落重點 （西城 → 西城外）	段落重點 （西城） 人物言行與特質	故事結果原因 寫作目的	寫作手法／方式 綜合評量
能力	1.文言文基礎理解： (1)斷句 (2)圈補人物 (3)圈說難詞句 2.推論理解 (1)簡述事件結果 (2)思考孔明使用空城計原因 (3)思考魏軍退兵原因	1.文言文基礎理解： (1)斷句 (2)圈補人物 (3)圈說難詞句 2.推論＋統整理解： (1)說分句重點 (2)圈出人物獨特言行 (3)思考人物特質	推論理解： 1.簡述故事結果 2.思考故事結果原因 3.思考寫作目的	1.分析寫作手法／方式： (1)分析順序／組織 (2)分析人事物描寫技巧 2.評量： (1)閱讀策略綜合應用 (2)寫作
評量	1.簡述段落重點 2.填寫孔明使用空城計原因 3.填寫魏軍退兵原因	1.重述段落內容 2.表格統整人物言行重點 3.填寫人物特質	填寫結果原因、寫作目的	1.填寫敘寫重點和重要情節發展順序 2.表格分析人事物描寫技巧 3.選擇題練習 4.寫作練習

貳　課程設計

　　根據學習重點的說明，可利用前兩章所提示的閱讀策略操作步驟，進行課程設計。

　　〈空城計〉各節次課程規劃重點，簡述如下：

表 4-3-2　〈空城計〉課程規劃表

節次	第一節
課程目標	理解文言文表面訊息 推論實施空城計結果原因
設計理念	讓學生自行閱讀文言文，並掌握故事表面訊息 讓學生藉由作者描述、司馬懿說明，理解空城計實施的重點、結果和原因
課程設計	教師請學生透過斷句、圈補人物、圈說難詞句，達到文言文段落內容的基礎理解 教師請學生思考孔明使用空城計應敵原因 教師請學生思考魏軍退兵原因
預期成果	學生能依不同人物的言行斷句，並簡述重點 學生能圈補句首、省略或代名詞指稱之人物 學生能根據詞語在句中的位置判斷詞性，進而正確判斷詞語或句子意義 學生能簡述事件結果 學生能推論孔明使用空城計原因 學生能推論魏軍退兵原因

（續下頁）

節次	第二節
課程目標	理解文言文表面訊息 統整人物言行 推論人物特質
設計理念	讓學生藉由孔明和司馬懿面對危機的處理方式，理解二人的異同
課程設計	教師請學生透過斷句、圈補人物、圈說難詞句，達到文言文段落內容的基礎理解 教師請學生比較孔明和司馬懿面對危機的處理方式和思考重點，並透過圈出二人獨特的言行，比較人物特質
預期成果	學生能依不同人物的言行斷句，並簡述重點 學生能圈補句首、省略或代名詞指稱之人物 學生能根據詞語在句中的位置判斷詞性，進而正確判斷詞語或句子意義 學生能使用表格統整人物言行重點 學生能找出人物獨特的言行 學生能思考人物特質
節次	第三節
課程目標	推論故事結果原因 推論寫作目的
設計理念	讓學生從故事結果，思考作者寫作目的，並反思故事對自己的啟發
課程設計	教師請學生簡述故事結果後，再進一步思考產生故事結果的原因，找出暗示作者寫作目的之線索後，推論作者寫作目的
預期成果	學生能簡述故事結果，思考結果原因。 學生能推論寫作目的。

（續下頁）

節次	第四節
課程目標	分析寫作手法／方式 綜合評量
設計理念	讓學生辨識文本敘寫重點及重要情節的發展順序,並分析人事物描寫技巧 教學結束後,教師設計對應閱讀能力的選擇型試題,讓學生熟悉會考的答題模式 比較三篇課文的共同特質,讓學生說明自己對有效解決困難的反思體悟
課程設計	教師請學生選出細節敘寫最多的場景,並梳理該場景中主要情節的發展順序 教師請學生分析人事物描寫技巧 教師請學生練習選擇題,並自行更正錯誤答案 教師提供學生寫作架構,請學生先說明三篇課文的共同特質,接著說明自己的反思體悟
預期成果	學生能使用表格分析文本敘寫順序／組織 學生能使用表格分析人事物描寫技巧 學生能正確回答並更正錯誤選項 學生能觀察事件,掌握共同點,並據之深入思考,歸納自己的體悟

第一節的課程設計內容

一 文言文基礎理解

文言文基礎閱讀理解以斷句、圈補人物、圈說難詞句為具體操作步驟。學生先以人物為核心，進行斷句，並簡述重點。其次能圈出或補寫句子中展現具體言行的人物。最後根據前後文義，說明難詞句義。

（一）斷句

西城

孔明分撥已定，先引五千兵去西城縣搬運糧草。──事件背景

忽然十餘次飛馬報到，說司馬懿引大軍十五萬，望西城蜂擁而來。──西城危機

時孔明身邊並無大將，止有一班文官；所引五千軍，已分一半先運糧草去了，只剩二千五百軍在城中。──西城兵力

眾官聽得這消息，盡皆失色。──眾官驚懼

孔明登城望之，果然塵土沖天，魏兵分兩路望西城縣殺來。──孔明登城確認訊息

孔明傳令：──孔明下軍令

眾將旌旗盡皆藏匿；──藏起軍旗

諸軍各守城鋪，如有妄行出入，及高聲言語者，立斬；──士兵安靜藏匿

大開四門，每一門上用二十軍士，扮作百姓，灑掃街道；──大開城門，軍士扮成百姓灑掃

如魏兵到時，不可擅動，吾自有計。──提醒士兵不可輕舉
　　妄動

孔明乃披鶴氅，戴綸巾，引二小童，攜琴一張，於城上敵樓
　　前，憑欄而坐，焚香操琴。──孔明在城上撫琴

西城外

卻說司馬懿前軍哨到城下，見了如此模樣，皆不敢進，急報
　　與司馬懿。──魏前軍哨回報

懿笑而不信，遂止住三軍，自飛馬遠遠望之，──司馬懿不
　　信，止軍觀望

果見孔明坐於城樓之上，笑容可掬，焚香操琴。左有一童
　　子，手捧寶劍；右有一童子，手執麈尾；城門內外有二
　　十餘百姓，低頭灑掃，旁若無人。──司馬懿所見西城
　　景象

懿看畢，大疑，──司馬懿懷疑

便到中軍，教後軍作前軍，前軍作後軍，望北山路而
　　退。──司馬懿下令退兵

次子司馬昭曰：「莫非諸葛亮無軍，故作此態，父親何故便
　　退兵？」──司馬昭質疑

懿曰：「亮平生謹慎，不曾弄險。今大開城門，必有埋伏。
　　我軍若進，中其計也，汝輩焉知？宜速退。」──司馬
　　懿回應

於是兩路兵盡皆退去。──魏軍退兵

（二）圈補人物

孔明分撥已定，先引五千兵去西城縣搬運糧草。

忽然十餘次飛馬報到，說司馬懿引大軍十五萬，望西城蜂擁
而來。

時孔明身邊並無大將，止有一班文官；所引五千軍，已分一
半先運糧草去了，只剩二千五百軍在城中。

眾官聽得這消息，盡皆失色。

孔明登城望之，果然塵土沖天，魏兵分兩路望西城縣殺來。

孔明傳令：

眾將旌旗盡皆藏匿；

諸軍各守城鋪，如有妄行出入，及高聲言語者，立斬；

大開四門，每一門上用二十軍士，扮作百姓，灑掃街道；

如魏兵到時，（軍士）不可擅動，吾（＝孔明）自有計。

孔明乃披鶴氅，戴綸巾，引二小童，攜琴一張，於城上敵樓
前，憑欄而坐，焚香操琴。

卻說司馬懿前軍哨到城下，見了如此模樣，皆不敢進，急報
與司馬懿。

懿笑而不信，遂止住三軍，自飛馬遠遠望之，

果見孔明坐於城樓之上，笑容可掬，焚香操琴。

左有一童子，手捧寶劍；右有一童子，手執塵尾；

城門內外有二十餘百姓，低頭灑掃，旁若無人。

懿 看畢，大疑，

（司馬懿）便到中軍，教後軍作前軍，前軍作後軍，望北山
　　路而退。

次子 司馬昭 曰：「莫非 諸葛亮（＝孔明）無軍，故作此態，
　　父親（＝司馬懿）何故便退兵？」

懿 曰：「亮（＝孔明）平生謹慎，不曾弄險。今大開城門，
　　必有埋伏。我軍若進，中其計也，汝輩（＝司馬昭等
　　人）焉知？宜速退。」

於是兩路兵盡皆退去。

（三）圈說難詞句

孔明分撥已定，先引五千兵去西城縣搬運糧草。

忽然十餘次飛馬報到，說司馬懿引大軍十五萬，望西城蜂擁
　　而來。

時孔明身邊並無大將，止有一班文官；所引五千軍，已分一
　　半先運糧草去了，只剩二千五百軍在城中。

眾官聽得這消息，盡皆失色。

孔明登城望之，果然塵土沖天，魏兵分兩路望西城縣殺來。

孔明傳令：

眾將旌旗盡皆藏匿；

諸軍各守城鋪，如有妄行出入，及高聲言語者，立斬；

大開四門，每一門上用二十軍士，扮作百姓，灑掃街道；

如魏兵到時，不可擅動，吾自有計。

孔明乃披鶴氅，戴綸巾，引二小童，攜琴一張，於城上敵樓前，憑欄而坐，焚香操琴。

卻說司馬懿前軍哨到城下，見了如此模樣，皆不敢進，急報與司馬懿。

懿笑而不信，遂止住三軍，自飛馬遠遠望之，

果見孔明坐於城樓之上，笑容可掬，焚香操琴。

左有一童子，手捧寶劍；右有一童子，手執塵尾；

城門內外有二十餘百姓，低頭灑掃，旁若無人。

懿看畢，大疑，

便到中軍，教後軍作前軍，前軍作後軍，望北山路而退。

次子司馬昭曰：「莫非諸葛亮無軍，故作此態，父親何故便退兵？」

懿曰：「亮平生謹慎，不曾弄險。今大開城門，必有埋伏。我軍若進，中其計也，汝輩焉知？宜速退。」

於是兩路兵盡皆退去。

文言字詞	詞性	詞義
「望」西城	介詞	向
聽得這「消息」	名詞	魏軍攻打西城
「憑」欄而坐	動詞	依靠

1. 卻說司馬懿前軍哨到城下，見了如此模樣，皆不敢進，急報與司馬懿＝再說魏軍前鋒偵查兵到了西城下，看見孔明悠閒在城上撫琴，且城內只有百姓沒有士兵，都不敢進軍，並火速將此情形通報司馬懿。

2. 亮平生謹慎，不曾弄險。今大開城門，必有埋伏。我軍若進，中其計也，汝輩焉知？宜速退＝諸葛亮為人謹慎，不會輕易冒險，因此大開城門必有伏兵，我們若進攻只會中計，陷入險境。你們不知道這是孔明的計策，所以現在應該火速退兵才對。

二　推論事件結果原因

推論事件結果原因重點：先找出事件的結果，再根據文中線索，推論造成事件結果的原因。

（一）簡述事件結果

孔明使用空城計應敵。

司馬懿見孔明撫琴、城門大開，決定退兵。

（二）思考結果原因

孔明使用空城計應敵的原因

1. 確認敵我局勢

魏兵數量（多），且分兩路（夾攻）。

我方人數（少），無法應敵。

2. 孔明內心的盤算

（1）如何才能讓司馬懿放棄攻城？

必須讓他認為攻城很危險。

（2）如何讓司馬懿認為攻城很危險？

必須讓他認為城中士兵多、準備足，不怕他來攻打。

（3）如何讓司馬懿認為城中士兵多、準備足，不怕他來攻
　　打？

用（打開城門）告訴他士兵多、準備足，不怕他來攻打。

（4）如果司馬懿對自己得勝很有信心，繼續攻城怎麼辦？

要讓司馬懿產生恐懼的情緒。

（5）如何讓司馬懿感覺恐懼？

故意將士兵、武器藏起來，假裝城中全無動靜，讓司馬懿感
覺很（不尋常），心中產生恐懼，並自動提醒自己小心警戒。

（6）如何讓司馬懿警戒後，看穿孔明的詭計？

孔明上城門撫琴，裝做（悠閒無事）的樣子，讓司馬懿認為
孔明故意用（空城）來誘騙他入城，然後關上城門甕中捉鱉。

（7）司馬懿看穿孔明詭計後，會怎麼做？

一定立即退兵，當場告訴孔明我知道你的詭計，我才不會上
當。

3. 孔明的決策

使用空城計，讓司馬懿自動退兵。

魏軍退兵的原因

1. 孔明策略

（1）下令空城：

　　（a）藏匿（士兵）及（軍旗）

　　（b）諸軍不可妄動，保持（安靜）

　　（c）四面（城門）大開

　　（d）少數軍士扮成（百姓）灑掃街道

（2）主帥坐於城樓上：
　　（a）穿著悠閒：披鶴氅，戴綸巾
　　（b）行為悠閒：凭欄而坐，焚香操琴

2. 前軍哨判斷

奇怪！只有孔明一個人坐在城樓上彈琴，城門大開只有百姓在打掃，趕快回報主帥，看是否要繼續（進攻）？

3. 司馬懿觀察

（1）孔明撫琴（笑容可掬），像是胸有成竹。
（2）百姓灑掃（旁若無人），像是毫無懼色。

4. 司馬懿思考

孔明生性謹慎：
（1）孔明、百姓態度如此從容，一定有充分（準備）。
（2）城門大開是想騙我（入城），城內必有（埋伏）。

5. 司馬懿決策

空城是孔明的計謀，殺進去必死無疑。速速退兵，告訴孔明我不會上當。

第二節的課程設計內容

一 文言文基礎理解

文言文基礎閱讀理解以斷句、圈補人物、圈說難詞句為具體操作步驟。學生先以人物為核心，進行斷句，並簡述重點。其次能圈出或補寫句子中展現具體言行的人物。最後根據前後文義，說明難詞句義。

（一）斷句

> 西城

孔明見魏軍遠去，撫掌而笑。──孔明得意

眾官無不駭然，乃問孔明曰：「司馬懿乃魏之名將，今統十五萬精兵到此，見了丞相，便速退去，何也？」──眾官疑惑

孔明曰：「此人料吾平生謹慎，必不弄險；見如此模樣，疑有伏兵，所以退去。──孔明說明司馬懿退兵原因

吾非行險，蓋因不得已而用之。──孔明解釋不得已才用空城計

此人必引軍投山北小路去也。──孔明預測魏軍行動

吾已令興、苞二人在彼等候。」──孔明預設埋伏

眾皆驚服，曰：「丞相玄機，神鬼莫測。若某等之見，必棄城而走矣。──眾官佩服

孔明曰：「吾兵止有二千五百，若棄城而走，必不能遠遁。得不為司馬懿所擒乎？」──孔明說明為何不棄城

言訖，拍手大笑，曰：「吾若為司馬懿，必不便退也。」——
　　孔明得意

（二）圈補人物

孔明見魏軍遠去，撫掌而笑。

眾官無不駭然，乃問孔明曰：「司馬懿乃魏之名將，今統十五
　　萬精兵到此，見了丞相（＝孔明），便速退去，何也？」

孔明曰：「此人（＝司馬懿）料吾平生謹慎，必不弄險；見
　　如此模樣，疑有伏兵，所以退去。

吾非行險，蓋因不得已而用之。

此人（＝司馬懿）必引軍投山北小路去也。

吾已令興、苞二人在彼等候。」

眾皆驚服，曰：「丞相（＝孔明）玄機，神鬼莫測。若某等
　　（＝眾官）之見，必棄城而走矣。」

孔明曰：「吾兵止有二千五百，若棄城而走，必不能遠遁。
　　得不為司馬懿所擒乎？」

（孔明）言訖，拍手大笑，曰：「吾若為司馬懿，必不便退
　　也。」

※人物名稱統整

人物	自稱	他人尊稱	他人稱呼
孔明	吾	丞相	亮（司馬懿稱呼）／諸葛亮（司馬昭稱呼）
司馬懿		父親	此人（孔明稱呼）／司馬懿（眾官稱呼）

（三）圈說難詞句

孔明見魏軍遠去，撫掌而笑。

眾官無不駭然，乃問孔明曰：「司馬懿乃魏之名將，今統十
　　五萬精兵到此，見了丞相，便速退去，何也？」

孔明曰：「此人料吾平生謹慎，必不弄險；見如此模樣，疑
　　有伏兵，所以退去。

吾非行險，蓋因不得已而用之。

此人必引軍投山北小路去也。吾已令興、苞二人在彼等候。」

眾皆驚服，曰：「丞相玄機，神鬼莫測。若某等之見，必棄
　　城而走矣。」

孔明曰：「吾兵止有二千五百，若棄城而走，必不能遠遁。
　　得不為司馬懿所擒乎？」

言訖，拍手大笑，曰：「吾若為司馬懿，必不便退也。」

文言字詞	詞性	詞義
引軍「投」山北小路	動詞	前往、走向
不能遠「遁」	動詞	逃走

1. 丞相玄機，神鬼莫測＝丞相妙計，連鬼神都無法預料。
2. 若某等之見，必棄城而走矣＝如果今天按照我們的想法，一
　　定會棄城逃走。

二　統整內容細節

統整內容細節包括請學生簡述分句重點，再以表格統整人物言行重點。

（一）說分句重點

西城

孔明分撥已定，先引五千兵去西城縣搬運糧草。——孔明至西城運糧草

忽然十餘次飛馬報到，說司馬懿引大軍十五萬，望西城蜂擁而來。——司馬懿大軍攻打西城

時孔明身邊並無大將，止有一班文官；所引五千軍，已分一半先運糧草去了，只剩二千五百軍在城中。——西城皆文官，且兵力不足

眾官聽得這消息，盡皆失色。——西城眾官驚懼

孔明登城望之，果然塵土沖天，魏兵分兩路望西城縣殺來。——孔明登城確認魏兵大軍壓境

孔明傳令：——孔明下軍令

眾將旌旗盡皆藏匿；——藏起軍旗

諸軍各守城鋪，如有妄行出入，及高聲言語者，立斬；——士兵藏匿，保持安靜

大開四門，每一門上用二十軍士，扮作百姓，灑掃街道；——大開城門，軍士扮成百姓灑掃，態度悠閒

如魏兵到時，不可擅動，吾自有計。——提醒士兵不可輕舉妄動

孔明乃披鶴氅，戴綸巾，引二小童，攜琴一張，於城上敵樓前，憑欄而坐，焚香操琴。──孔明在城上撫琴，態度悠閒

西城外

卻說司馬懿前軍哨到城下，見了如此模樣，皆不敢進，急報與司馬懿。──魏前軍哨向司馬懿回報西城情形

懿笑而不信，遂止住三軍，自飛馬遠遠望之，──司馬懿不信，止軍觀望西城情形

果見孔明坐於城樓之上，笑容可掬，焚香操琴。左有一童子，手捧寶劍；右有一童子，手執塵尾；城門內外有二十餘百姓，低頭灑掃，旁若無人。──司馬懿望見孔明悠閒、西城無兵

懿看畢，大疑，──司馬懿對所見景象感到懷疑

便到中軍，教後軍作前軍，前軍作後軍，望北山路而退。──司馬懿下令退兵

次子司馬昭曰：「莫非諸葛亮無軍，故作此態，父親何故便退兵？」──司馬昭質疑退兵決定

懿曰：「亮平生謹慎，不曾弄險。今大開城門，必有埋伏。我軍若進，中其計也，汝輩焉知？宜速退。」──司馬懿解釋空城必有埋伏，進攻危險

於是兩路兵盡皆退去。──魏軍退兵

西城

孔明見魏軍遠去，撫掌而笑。──孔明計成得意

眾官無不駭然，乃問孔明曰：「司馬懿乃魏之名將，今統十

五萬精兵到此，見了丞相，便速退去，何也？」──眾
官疑惑司馬懿退兵原因

孔明曰：「此人料吾平生謹慎，必不弄險；見如此模樣，疑有
伏兵，所以退去。──孔明說明司馬懿退兵是因懷疑空城
內有埋伏。

吾非行險，蓋因不得已而用之。──孔明解釋無計可施才用
空城計

此人必引軍投山北小路去也。──孔明預料魏兵撤軍路線

吾已令興、苞二人在彼等候。」──孔明預作攔截布局

眾皆驚服，曰：「丞相玄機，神鬼莫測。若某等之見，必棄
城而走矣。」──眾官佩服孔明智謀

孔明曰：「吾兵止有二千五百，若棄城而走，必不能遠遁。
得不為司馬懿所擒乎？」──孔明說明棄城必敗被擒

言訖，拍手大笑，曰：「吾若為司馬懿，必不便退也。」──
孔明計成得意

（二）表格統整人物言行重點

人　　物	孔明	司馬懿
內容	危機：司馬懿大軍來襲 解決方式：使用空城計 結果：成功解西城之危 思考重點： 1.瞭解我軍情形，決定不棄城 2.掌握敵將心理，用空城計欺騙 3.預料敵軍後路，安排興苞伏兵	危機：孔明大開城門、焚香操琴態度悠閒 解決方式：退兵 結果：錯失攻下西城的機會 思考重點： 1.認為孔明不用險招（先入為主） 2.擔心孔明在空城中暗藏伏兵 3.決定退兵

三 推論人物特質

推論人物特質的重點：先找出人物獨特的言語及行為，再根據人物獨特的言行，說明其抽象的特質。

（一）圈出獨特言行

孔明

> 孔明登城望之，果然塵土沖天，魏兵分兩路望西城縣殺來。
> 孔明傳令：眾將旌旗盡皆藏匿；諸軍各守城鋪，如有妄行出入，及高聲言語者，立斬；大開四門，每一門上用二十軍士，扮作百姓，灑掃街道；如魏兵到時，不可擅動，吾自有計。
> 孔明乃披鶴氅，戴綸巾，引二小童，攜琴一張，於城上敵樓前，憑欄而坐，焚香操琴。
> 孔明曰：「此人料吾平生謹慎，必不弄險；見如此模樣，疑有伏兵，所以退去。吾非行險，蓋因不得已而用之。此人必引軍投山北小路去也。吾已令興、苞二人在彼等候。」
> 孔明曰：「吾兵止有二千五百，若棄城而走，必不能遠遁。得不為司馬懿所擒乎？」

孔明的表現：他聽聞司馬懿大軍來襲，先登城（確認敵情），又考慮到西城兵力（不足），棄城也無法（遠遁），因此他明快有條理地安排（空城），並坐於城樓上（焚香操琴），想欺騙敵軍。

孔明特質：他能（掌握／瞭解）司馬懿的心思，並預先在魏兵（撤軍）的路上，安排（攔截／打擊）的伏兵。

司馬懿

懿笑而不信，遂止住三軍，自飛馬遠遠望之，果見孔明坐於城樓之上，笑容可掬，焚香操琴。左有一童子，手捧寶劍；右有一童子，手執塵尾；城門內外有二十餘百姓，低頭灑掃，旁若無人。

懿看畢，大疑，便到中軍，教後軍作前軍，前軍作後軍，望北山路而退。

次子司馬昭曰：「莫非諸葛亮無軍，故作此態，父親何故便退兵？」

懿曰：「亮平生謹慎，不曾弄險。今大開城門，必有埋伏。我軍若進，中其計也，汝輩焉知？宜速退。」

司馬懿的表現：他仔細（觀察）西城的情形，認定西城必有（埋伏），故下令（撤軍）。

司馬懿的特質：司馬懿雖然瞭解孔明用兵（習慣），但忽略人的（可變）因素，所以做了（錯誤）的決策。

（二）表格比較人物

人物	相同	相異	結果
孔明	謹慎觀察	有創新思維	決策成功
司馬懿	決策明快	無創新思維	決策失敗

（三）思考人物特質

　　根據孔明的言行，我認為他具有（　　　）的特質。

　　根據司馬懿的言行，我認為他具有（　　　）的特質。

　　括號內容可讓學生自由發揮。

　　參考答案：

　　孔明：自信從容、處變不驚、決策明快、足智多謀

　　司馬懿：謹慎周密、果斷行動

第三節的課程設計內容

一　推論故事結果原因

推論故事結果原因重點：先找出故事的結果，再根據文中線索，推論造成故事結果的原因。

（一）簡述故事結果

孔明用空城計讓司馬懿退兵，化解西城之危。

（二）思考結果原因

孔明「空城計成功」的原因：

他掌握司馬懿的思考模式，透過布置（空城）和於城樓上（焚香操琴），令司馬懿（懷疑）孔明大開城門，必有伏兵，攻城很（危險），故決定退兵離去。

二　推論寫作目的

推論作者寫作目的：從故事的重點中，找出與作者寫作目的相關之線索，再根據這些線索推論出作者抽象的寫作目的。

（一）圈出寫作目的線索

眾皆驚服，曰：「丞相玄機，神鬼莫測。若某等之見，必棄城而走矣。」

「丞相玄機，神鬼莫測」是形容孔明什麼？

孔明使用（空城計）解決危機，並算準魏兵撤軍路線，事先布置好伏兵，膽大心細異於（常人）。

（二）思考寫作目的

藉眾官的評論，作者想說明什麼？

好將領面對危機時能（沉著）應對，緊急時還要有（創新）思維，才能有效解決（危機）。

第四節的課程設計內容

一　分析寫作手法／方式

分析寫作手法／方式重點：請學生分析敘寫的順序和材料的組織，並以表格分析人事物描寫技巧。

（一）分析順序／組織

敘寫重點	選出細節敘寫最多的場景： □西城危機　☑孔明布置空城計 ☑司馬懿觀察　□司馬懿退兵　□危機解決
孔明布置空城的順序	藏匿軍旗和士兵 ➡ 大開四面城門 ➡ 士兵扮百姓灑掃街道 ➡ 孔明坐在城樓上焚香操琴

（續下頁）

司馬懿所見的順序	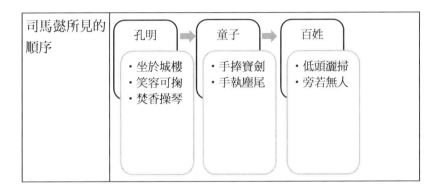

（二）分析人事物描寫技巧

人物	孔明
原文	孔明曰：「此人料吾平生謹慎，必不弄險；見如此模樣，疑有伏兵，所以退去。吾非行險，蓋因不得已而用之。此人必引軍投山北小路去也。吾已令興、苞二人在彼等候。」
回應對象	眾官
回應時機	戰爭危機結束後
回應內容	1. 解釋敵方主將思路 2. 委婉說明自己行動的必要 3. 預測敵方下一步行動 4. 告知已安排應對策略
回應特色	逐層詳盡解釋
回應目的	讓眾官理解自己決策的思維和整體戰略布局

提問：你認為是否可以將孔明對眾官的回應刪去？請說明自己的
　　　理由。

意見	理由
☐可以 ☑不可以	1.增加情節張力 　在危機結束後，孔明向眾官解說完整戰略布局，不僅凸顯此戰局勢緊張，也交代了後續發展。 2.凸顯孔明神機妙算的形象 　以孔明精準把握敵將心理，並搶先一步預留伏兵，凸顯孔明掌控全局，神機妙算的智謀。

人物	孔明	眾官
言行／外貌 （塑造對比）	遇難冷靜布置空城計 計成得意解釋成功原因	遇難驚慌 計成駭然 驚服孔明
人物改變 （揭示主題）	 眾官態度改變的契機為孔明掌握敵將思維大膽設空城計成功，並預先安排打擊的伏兵。 （凸顯出領袖的智慧可帶領團隊走出危機，同時鼓舞團隊的士氣和信心）	

二　評量試題設計

　　學生在熟悉閱讀策略後，應能有效回應詮釋、推論、統整、分析能力的相關提問。所以我們設計下列試題，引導學生透過練習試題，監控自己運用閱讀策略的情形。學生作答時必須更正錯誤答案，以便確認是否正確理解。

基礎理解——詮釋

1. 下列文句「」中字的意義說明，何者最恰當？
   (A) 不能遠「遁」：藏匿
   (B) 「憑」欄而坐：依靠※
   (C) 「望」北山路而退：看著
   (D) 引軍「投」山北小路去：投降

推論人物特質

2. 根據本文，從孔明處理西城危機的布局中，可看出他是個怎樣的將領？
   (A) 捨生取義
   (B) 驍勇善戰
   (C) 計畫周密※
   (D) 關懷部屬

推論故事結果原因

3. 下列關於「司馬懿退兵」的原因，**最不可能**是下列何者？

 (A) 心理戰：孔明謹慎，不會毫無準備大開城門

 (B) 情報戰：敵強我弱，決定保存實力來日再戰※

 (C) 情報戰：不瞭解西城真實情況，擔心有埋伏

 (D) 心理戰：孔明撫琴笑容可掬，顯然胸有成竹

推論寫作目的

4. 作者藉眾皆驚服：「丞相玄機，神鬼莫測」，最可能是想凸顯孔明＿＿＿＿＿＿？

 (A) 身先士卒，戰無不勝

 (B) 保密防洩，滴水不露

 (C) 出奇制勝，異於常人※

 (D) 仙風道骨，窺得天機

統整內容細節

5. 根據本文的內容，下列關於「空城計」的敘述何者最恰當？

 (A) 西城士兵躲藏不可妄動※

 (B) 百姓照常工作灑掃街道

 (C) 孔明於城樓上持劍戒備

 (D) 城門閉鎖嚴格管制出入

分析寫作手法／方式

6. 關於本文的寫作手法，下列敘述何者最恰當？

　　(A) 詳寫孔明傳令空城，凸顯蜀軍不擾民的軍紀

　　(B) 藉司馬懿之子提出疑惑，增加故事的真實性

　　(C) 使用空城為象徵，暗含成敗轉眼成空的寓意

　　(D) 透過層層遞進的情節，營造戰事的緊張氛圍※

三　寫作練習

　　教師請學生比較〈賣油翁〉、〈張釋之執法〉、〈空城計〉三文的共同特質，再請學生說明自己從中得到哪些有效解決困難的體悟，寫出一篇短文。

（一）三文共同特質

　　1. 主角是誰？

　　2. 他遇到什麼困難？

　　3. 他的言行如何影響事情的發展和結果？

　　　3-1　他如何解決困難？

　　　3-2　結果是什麼？

人物	困難	解決方法	結果
我發現這些人物在解決困難上，有哪些共同之處：			

（二）歸納自己的省思體悟

1. 我認為＿＿＿＿（1個或多個人物皆可）解決困難的方法最精彩？並說明原因。

2. 從他／他們解決困難的過程中，我體會到什麼？又有哪些地方，我會想改變／調整？

　　※評分標準：能分析三文共同特質，並歸納出自己對於有效解決困難的反思體悟。

※評分等第：

級分	說明
3	能清楚解析三文共同特質，個人省思體悟深刻。結構完整，文辭精練。
2	能大致觸及三文共同特質，並說明個人省思體悟。結構尚可，文辭普通。
1	對三文共同特質的把握有限，無個人省思體悟。結構零碎，文辭簡陋。

第四節　小結

　　本章以〈賣油翁〉、〈張釋之執法〉、〈空城計〉三篇課文為例，各安排四節課的課程設計，用以協助學生學習「詮釋」、「推論」、「統整」、「分析」四種閱讀策略。

　　以統整策略為例，在〈賣油翁〉的課程設計中，聚焦於統整陳康肅和賣油翁二人「言行互動」的內容細節。在〈張釋之執法〉中，聚焦於統整張釋之和文帝對「判決主張和理由」的內容細節。在〈空城計〉中，則聚焦於統整孔明和司馬懿面對危機「解決方式和思考重點」的內容細節。

　　而在課程最後，也透過設計對應閱讀能力的選擇題型試題及寫作任務，讓學生加以練習。當學生練習選擇題時，老師可鼓勵學生自行更正錯誤答案，監控自己運用閱讀策略，增進理解的過程。而在寫作任務上，〈賣油翁〉，透過引導學生練習以「二人言行互動」為主軸，寫出一個寓含生活體悟的小故事。〈張釋之執法〉，則提供學生寫作架構，引導學生把握寫作重點和順序，練習寫一段說服他人的短文。〈空城計〉，則請學生觀察上述三篇課文的共同特質，並歸納自己的反思體悟。學生在實際練習寫作後，也可使用書中的評分標準進行自評與同儕互評，藉由彼此的觀摩回饋，提升寫作能力。

　　透過這樣的課程安排，學生必能將閱讀策略的操作步驟內化為大腦的閱讀迴路，產生舉一反三、溫故知新的學習效果。而當學生練習寫作任務時，也可以藉由老師提供的寫作架構，或提問引導，循序漸進培養寫作思維，完成寫作任務。

　　文言記敘短文的課程設計，只是一個起點，我希望未來能再就議論看法、說明事實、抒寫經驗等文類，做進一步的研究。讓學生在國語文學習中，能以閱讀理解為基礎，先進階到寫作表達，再進階到自我監控學習表現。這樣他們就能在系列性的思考鍛鍊中，有效提升國語文學習的整體表現。

第六章
結論

　　本書以國中會考國文科試題為研究範圍，透過100-112年文言記敘短文試題評量重點的分析，研發閱讀教學策略，並提出系統性的教學步驟，將策略落實為具體可行的操作方式。再選擇現行國中國語文教材——〈賣油翁〉、〈張釋之執法〉、〈空城計〉三篇課文，結合上述的教學策略與操作步驟，設計完整的課程活動與評量試題，供教師參考。

壹　重點回顧

一　以系統化教學策略落實課綱核心素養

　　十二年國教課綱強調培養三大核心素養——「自主行動」、「溝通互動」、「社會參與」，本書聚焦「自主行動」的實踐。以國語文教學策略系統化的操作步驟，培養學生系統思考及獨立解決問題的能力，並提升學生規劃與組織策略，促進自我學習與發展的能力。讓學生未來即使走出教室，也能有智慧地面對生活中各種問題和挑戰。

二 根據文言記敘短文試題規劃教學策略

　　根據100-112年國中會考文言記敘短文試題的題幹用語、選項內容和題材內容，可歸納試題評量重點如下表所示：

表 6-1　100-112 年文言記敘短文會考試題評量內容分類表

評量內容	詞語理解	句子理解	段落理解
評量項目	1. 詞義 2. 主語	1. 句義 2. 句子特質	1. 推斷寫作目的、人物特質、故事結果原因 2. 整合內容細節 3. 分析寫作手法／方式

　　詞語理解的評量項目包含：說明詞義、說明主語；句子理解的評量項目包含：說明句義、說明句子特質；段落理解的評量項目包含：推斷寫作目的、推斷人物特質、推斷故事結果原因、整合內容細節、分析寫作手法／方式。

　　再根據 Bloom 認知領域教育目標的分類，將上述評量項目對應如下：

表 6-2　100-112 年文言記敘短文會考試題閱讀能力評量細目分類表

閱讀能力	詮釋	推論	統整	分析
評量細目	詞句涵義 句子主語	寫作目的 人物特質 結果原因	內容細節	寫作手法／方式

詮釋能力的評量細目為理解詞句涵義、辨識／還原句子主語；推論能力的評量細目為推論寫作目的、人物特質、故事結果原因；統整能力的評量細目為統整文本內容細節；分析能力的評量細目，主要在分析寫作手法和方式。

三　建構詮釋、推論、統整、分析閱讀策略的操作步驟

　　詮釋能力是文言文閱讀理解的基礎，針對詞句涵義進行理解，並把握文意重點；推論能力是文言文閱讀理解的進階能力，針對作者未明說之寫作目的、人物特質、結果原因進行推論；統整和分析能力是文言文閱讀理解的高階能力，統整是針對人物言行的細節進行整合，分析則是針對敘寫順序、材料組織及人事物的描寫技巧，進行整合與辨識。

　　有關上述四項能力的閱讀策略操作步驟，說明如下：

表 6-3　詮釋、推論、統整、分析能力——閱讀策略操作步驟一覽表

閱讀能力	操作步驟
詮釋	斷句→圈補人物→圈出難詞句→說難詞義→說難句義→說分句重點
推論	寫作目的： 基礎閱讀→圈出寫作目的線索→思考寫作目的 人物特質： 基礎閱讀→圈出獨特言行→思考人物特質

（續下頁）

閱讀能力	操作步驟
推論	故事結果原因： 基礎閱讀→簡述故事結果→思考結果原因
統整	基礎閱讀→說分句重點→表格統整人物言行
分析	基礎閱讀→說分句重點→分析短文順序和組織→分析人事物描寫技巧

　　教師若能善用上述操作步驟，讓學生在學習過程中將閱讀策略內化為閱讀習慣，將能有效提升學生閱讀理解和問題解決的能力，從而幫助他們在閱讀文言記敘短文時，成為獨立自主的學習者。

四　策略導向的文言記敘短文課程設計

　　在〈賣油翁〉、〈張釋之執法〉、〈空城計〉三篇課文的課程設計上，透過以發展學生的閱讀策略為目標，將課程聚焦在協助學生運用閱讀策略解讀文本，並培養問題解決的能力。

　　首先以「學習重點規劃表」和「課程規劃表」，進行學習重點、課程目標、設計理念、課程設計、預期成果的梳理。接著，將上述規劃表的內容轉化為各節次的課程實施細節，引導教師循序漸進將閱讀策略融入課程實踐。最後，提供對應閱讀能力的選擇題型試題和寫作任務，引導學生在答題練習中，監控自己運用閱讀策略的情形，並培養寫作思維，提升文言記敘短文的學習成效。

貳　教學實踐影響

一　由評量導入教學的課程設計

根據國中會考試題的評量重點，將詮釋、推論、統整、分析等閱讀能力，以清晰易懂的操作步驟，融入課程設計。透過評量、教學的銜接，不僅協助教師認識會考評量重點，也能以系統化的教學策略，引導學生建構文言記敘短文的閱讀能力。

二　注重實作創新的教學策略

本書教學策略所研發的各項閱讀能力操作步驟，強調學生藉由反覆實作，精熟閱讀技巧，活化大腦迴路。而操作步驟的簡單易行更以符合教師的直覺思考為原則，讓教師在教學實踐上既可模仿操作，也能靈活創新。

三　閱讀、寫作兼具的自主式評量

本書在〈賣油翁〉、〈張釋之執法〉、〈空城計〉的課程設計中，提供選擇題型試題和寫作任務，評量學生的閱讀能力與寫作能力，讓學生提升國語文學習的整體表現。

學生學會閱讀策略的操作步驟後，先以選擇題進行自我評量，監控自己對文本閱讀理解的情形；再根據寫作任務，訓練對文本的反思與表達能力；最後還能依據評分標準，對作品進行自

評與互評，展現多元面向的自主學習能力。

參　未來展望

　　本書提供文言記敘短文會考試題評量重點、閱讀策略與課程設計的研究成果，未來希望可以再進一步針對議論看法、說明事實、抒寫經驗等不同文類，進行深入研究。幫助教師釐清不同文類的評量重點，從而更有效地引導學生掌握相應的閱讀策略和方法，提升學生在不同文本上的閱讀理解表現，最終幫助學生達到自主學習、自我監控的教育目標。

參考文獻

一 中文文獻

王　力（1983）。古代漢語。中華書局。

王瓊珠（2012）。故事結構教學與分享閱讀（第二版）。心理。

張中行（1988）。文言的歷史。載於張中行（編），文言常識（14-21頁）。人民教育。

國立臺灣師範大學心理與教育測驗研究發展中心（無日期a）。各科考試內容—國文科。國中教育會考。2024年4月9日，取自https://cap.rcpet.edu.tw/test4-2.html

國立臺灣師範大學心理與教育測驗研究發展中心（無日期b）。歷屆試題—國文科。國中教育會考。2024年1月31日，取自https://cap.rcpet.edu.tw/examination.html

教育部（2014）。十二年國民基本教育課程綱要總綱。https://www.naer.edu.tw/PageSyllabus?fid=52

教育部（2018）。十二年國民基本教育課程綱要——國民中小學暨普通型高級中等學校：語文領域—國語文。https://ghresource.k12ea.gov.tw/uploads/1611630624098kgBeSnrK.pdf

陳蒲清（1980）。文言文基礎知識問答。湖南人民。

游適宏（2012）。近十年（91~100）高中職學生升學考試文言文閱讀選擇題組的素材與層次。應華學報，**12**，53-86。

劉世劍（1995）。文章寫作學：基礎理論知識部分。麗文。

劉忠惠（1996）。寫作指導（上）：理論技巧。麗文。

蔡清田（2011）。課程改革中的「素養」（competence）與「知能」（literacy）之差異。教育研究月刊，**203**，84-96。

蔡清田（2018）。核心素養的課程發展。五南。

鄭圓鈴（2015）。國中教育會考——國文科試題之評量指標與試題分析。國立臺北教育大學語文集刊，**27**，31-60。

鄭圓鈴（2018）。大考國文誰不怕。五南。

盧雪梅（2011）。國中基測國文科閱讀文本暨學生表現分析。教育研究與發展期刊，**7**（2），115-152。

二　英文文獻

Anderson, L. W., Krathwohl, D. R., Airasian, P. W., Cruikshank, K. A., Mayer, R. E., Pintrich, P. R., Raths, J., & Wittrock, M. C. (Eds.). (2001). *A taxonomy for learning, teaching, and assessing: A revision of Bloom's educational objectives.* Addison Wesley Longman.

Bloom, B. S. (Ed.). (1956). *Taxonomy of educational objectives: The classification of educational goals. Handbook I : Cognitive domain.* David McKay.

Decker, R. E., & Schwegler, R. A. (1990). *Decker's patterns of exposition 12.* Harper Collins Publishers.

Dimino, J. A., Gersten, R., Carnine, D., & Blake, G. (1990). Story grammar: An approach for promoting at-risk secondary students' comprehension of literature. *Elementary School Journal, 91* (1), 19-32. https://doi.org/10.1086/461635

Labov, W., & Waletzky, J. (1997). Narrative analysis: Oral versions of personal experience1. *Journal of Narrative and Life History, 7*(1-4), 3-38.

Schunk, D. H., & Zimmerman, B. J. (Eds.). (1994). *Self-regulation of learning and performance: Issues and educational applications.* Erlbaum.

Steffens, K. (2015). Competences, learning theories and MOOCs: Recentdevelopments in lifelong learning. *European Journal of Education, 50*(1),41-59.

Weinert, F. E. (2001). Concepts of competence: A conceptual clarification. In D. S. Rychen & L. H. Salganik (Eds.), *Defining and selecting key competencies* (pp. 45-65). Hogrefe & Huber.

語言教學叢書　1100025

讓國中會考點亮國語文素養教學
——文言記敘短文的教學策略

作　　者　李鍑倫
責任編輯　呂玉姍
特約校對　林秋芬

發 行 人　林慶彰
總 經 理　梁錦興
總 編 輯　張晏瑞
編 輯 所　萬卷樓圖書股份有限公司
排　　版　林曉敏
印　　刷　百通科技股份有限公司
封面設計　黃筠軒

發　　行　萬卷樓圖書股份有限公司
　　　　　臺北市羅斯福路二段 41 號 6 樓之 3
　　　　　電話 (02)23216565
　　　　　傳真 (02)23218698
　　　　　電郵 SERVICE@WANJUAN.COM.TW
香港經銷　香港聯合書刊物流有限公司
　　　　　電話 (852)21502100
　　　　　傳真 (852)23560735

ISBN 978-626-386-117-6
2024 年 8 月初版
定價：新臺幣 380 元

如何購買本書：

1. 劃撥購書，請透過以下郵政劃撥帳號：
　　帳號：15624015
　　戶名：萬卷樓圖書股份有限公司
2. 轉帳購書，請透過以下帳戶
　　合作金庫銀行　古亭分行
　　戶名：萬卷樓圖書股份有限公司
　　帳號：0877717092596
3. 網路購書，請透過萬卷樓網站
　　網址 WWW.WANJUAN.COM.TW

大量購書，請直接聯繫我們，將有專人為
您服務。客服：(02)23216565　分機 610

如有缺頁、破損或裝訂錯誤，請寄回更換

國家圖書館出版品預行編目資料

讓國中會考點亮國語文素養教學——文言記敘
短文的教學策略/李鍑倫著.-- 初版.-- 臺北
市：萬卷樓圖書股份有限公司, 2024.08

　　面；　　公分.-- (語言教學叢書；1100025)
ISBN 978-626-386-117-6(平裝)

1.CST: 中等教育　2.CST: 文言文　3.CST: 教學法
524.31　　　　　　　　113007743